Farbberatung Seidenmalerei

Farbberatung
Seiden Malerei

Tücher · Schals
Krawatten

Shahida
(Barbara Banach)

Michaela Götz

FALKEN

INHALT

Vorwort

Zu jeder Jahreszeit gehören in der Natur spezifische Farbtöne, Formen, Stimmungen, ja sogar Charaktereigenschaften sowie Verhaltensformen, mit denen sich die Jahreszeit typisch zeigt.

Aber auch jeder Mensch entspricht in seinem Wesen einer Jahreszeit. Umgibt er sich mit den Farbtönen und Formen, die seinem Jahreszeitentyp entsprechen, dann wird seine ihm ureigene Schönheit sichtbar: die Augen leuchten, das Hautbild wirkt rein und klar, disharmonische Körperproportionen treten optisch in den Hintergrund.

Doch nicht nur Attraktivität und Anziehungskraft erhöhen sich, sondern auch das persönliche Wohlbefinden – wissen wir doch, daß Farben Schwingungen sind, die unsere Stimmungen beeinflussen. Und da läßt sich bei Menschen, die sich eine Zeitlang konsequent mit den ihrer Jahreszeit entsprechenden Farben umgeben, Erstaunliches beobachten: sie fühlen sich wohler und ausgeglichener, das Selbstwertgefühl steigert sich, sie entdecken bisher ungeahnte Fähigkeiten in sich, ja sogar manche Krankheitssymptome bessern sich (z. B. Krampfadern). Die meisten Menschen, die diesen Schlüssel zur „Magie der Schönheit" einmal entdeckt haben, lassen ihn nicht mehr los. Nach einer gewissen Zeit spüren sie sogar mit geschlossenen Augen, wenn ein Kleidungsstück die nicht entsprechende Farbschwingung aufweist.

In diesem Buch finden Sie zunächst praktische Anleitungen, Ihren eigenen Typ zu ermitteln. Damit kann die Entdeckungsreise zu sich selbst beginnen. Sie können sich dann Seite um Seite mit Ihrem Typ vertraut machen.

Da Farben und Formen ein zentrales Element in der praktischen Anwendung der Jahreszeitentypologie darstellen, ist ihr der zweite Teil dieses Buches gewidmet.

Wenn Sie selbst auf Seide malen, finden Sie Anleitungen und viele Anregungen, schöne Accessoires selbst herzustellen. Wenn Sie sich einfach für das Thema an sich interessieren, dann finden Sie im Ideenteil schöne Beispiele, die sie mit dem Wesen der einzelnen Jahreszeit vertraut machen.

Die Arbeiten sind unter künstlerischer Leitung von Shahida entstanden. Wir arbeiten seit Jahren gemeinsam in diesem Thema, und Shahida ist mittlerweile eine Meisterin ihres Fachs geworden.

Für alle, die tieferes Interesse am Thema haben, sei hier erwähnt, daß wir weiterführende Veranstaltungen durchführen – sowohl was die praktische Seidenmalarbeit anbelangt als auch Typbestimmung, Identitäts- und Imageberatung sowie Seminare zur Persönlichkeitsentwicklung. Nehmen Sie mit uns Kontakt auf (siehe Seite 128).

Wir wünschen Ihnen nun viel Freude auf der Entdeckungsreise zu Ihrer Jahreszeit.

Die Autorinnen

DIE VIER JAHRESZEITEN

Die vier Jahreszeiten sind wie eine Uhr des Lebens — gekennzeichnet durch die Länge der Tage und Nächte, die Temperaturen und Wetterlagen sowie unverwechselbare Farben und Formen. Seit jeher lassen sich Künstler und Philosophen gleichermaßen von der bunten Lebensuhr der Jahreszeiten faszinieren.

Die Jahreszeiten in der Natur

Frühling

Wenn die ersten Knospen durchbrechen, das Feuer der Sonne kräftiger und die Tage länger werden, dann wissen wir: der Frühling kommt.

Die Säfte sprießen wieder in die Stämme und Äste, die Blumenzwiebeln brechen mit unglaublicher Kraft und hoher Flexibilität durch das Wintereis. Außen scheint alles noch still und ruhig, doch innen brodelt das Feuer der erwachenden Natur. In der Mitte des Frühlings ärgert uns zwar oft das eigenwillige Aprilwetter, doch unsere Seele lacht bei jedem warmen Sonnenstrahl, jeder farbigen Blüte, jedem grünen Trieb. Je mehr sich der Frühling dem Sommer nähert, um so prachtvoller präsentiert er sich: bunt, kreativ, phantasievoll und von immenser Farben- und Formenvielfalt. Wir erkennen den Frühling auch eindeutig an seinen gelbstichigen und warmen Farbtönen.

Sommer

Doch es genügen ein paar Tage Sonnenhitze, die den Sommer ankündigen, um dem Frühling ein jähes Ende zu bereiten. Die Frühlingsblumen – gestern noch in voller Schönheit – verblühen, die jungen Triebe sind längst zu fertigen Blättern gereift, die Bäume tragen Blüten oder sogar schon Früchte.

Und dann endlich ist er da! Die gesamte Vegetation zeigt sich in ihrer geordneten Pracht, alle Blüten stehen weit offen, jeder Sonnentag bringt den Herbstfrüchten Süße.

So unbesiegbar der Sommer scheint, so labil ist seine Vegetation in Wahrheit: Sengende Hitze droht, die Pflanzen verdorren zu lassen. Brechen Sommergewitter und Hagel über sie herein, so bleibt nur

Chaos übrig. Natur und Mensch lechzen nach Wasser – im richtigen Maß! Trotz der Farbenvielfalt sind die Farbtöne des Sommers durch den nebligen Dunst der flimmernden Hitze gedeckt, verschleiert und silbrig.

Obwohl wir uns jedes Jahr erneut nach ihm sehnen, sind die meisten froh, wenn das Feuer der Sonne nachläßt und den lieblichen Tagen Platz macht, in denen der Sommer unmerklich zu Ende geht und der Herbst beginnt.

Herbst

Die Natur bereitet sich auf den Winter vor, und sie sorgt für das Überleben von Mensch und Tier. Bäume und Sträucher geben ihre reifen Früchte als Vorrat für den langen Winter. Bald nach der Ernte färbt sich das Laub, die letzten Früchte werden abgeworfen und verfaulen zusammen mit den Blättern zu wertvollem Humus. Üppig wirkt der Herbst in seinen Farben und Formen, von unnachahmlicher Schönheit mit den warmen, vollmundigen, goldenen Farbtönen.

Seine letzten Wochen sind bereits gekennzeichnet vom Rückzug, und auch die Heimeligkeit in den eigenen vier Wänden am warmen Ofen signalisiert für uns den Beginn des Winters. Die emsige Arbeit des Herbstes ist vorbei, die Tage sind merklich kürzer als die Nächte – kurzum: die Natur ruft uns auf zu Ruhe, Einkehr und zur Konzentration der Kräfte.

Winter

Eisig, kalt, in krassen Farbkontrasten oder in einem trüben Grau-in-Grau präsentiert sich der Winter. Die Natur scheint wie tot, alle Kräfte und Säfte sind in die Wurzeln zurückgezogen. Bizarre Baumskelette trotzen der Kälte und Unwirtlichkeit dieser Jahreszeit.

Das Überleben in der freien Natur ist nur möglich, indem sich Mensch und Tier in ihr Inneres zurückziehen. Das Haushalten mit den eigenen Kräften sowie den eingelagerten Lebensmitteln und Brennstoffen ist lebensnotwendig.

Der Mensch – ein Teil der Natur

Unsere moderne Zivilisation läßt uns nur allzuoft vergessen, daß der Mensch als Teil der Natur ihren Gesetzen genauso unterworfen ist wie Tiere, Pflanzen und Mineralien. Das Jahreszeitentypenmodell, das Sie in diesem Buch kennenlernen, ist also keine menschliche Erfindung, sondern entspricht einem Naturgesetz.

Die Jahreszeiten in Kunst und Mode

Der Kunst, ganz konkret Prof. Johannes Itten (1888–1967), verdanken wir, daß die Jahreszeitentypologie im 20. Jahrhundert Einzug in die westliche Gesellschaft fand. Professor Itten beobachtete bei seinen Kunststudenten am Bauhaus, daß bestimmte Menschen immer wieder zu ganz spezifischen Farben in bestimmten Kombinationen griffen, wenn sie frei malen durften. In seinen Studien fand er heraus: Unter den Farbtönen und Formkombinationen ließen sich vier Hauptgruppen feststellen. Die Studenten innerhalb der vier Gruppen zeigten zudem ähnliche äußere Merkmale an Haar-, Haut- und Augenfarbe. Professor Itten ordnete die vier Hauptfarbgruppen den Jahreszeiten zu, weil ihn die Farbtöne an die in der jeweiligen Jahreszeit tatsächlich vorhandenen erinnerten.

Die Erkenntnisse Ittens griff die Amerikanerin Carol Jackson auf. Sie stellte in weiteren Studien fest, daß die Einteilung von Menschen in Farbtypen ganz praktisch im Bereich der Mode anwendbar ist. Ganz konkret: Der Mensch, der dem Farbtyp des Frühlings entspricht, kommt mit sei-

nem Äußeren am besten in Frühlingsfarben zur Geltung – seine Augen strahlen, Unreinheiten und Unebenheiten im Gesicht treten optisch in den Hintergrund, seine Ausstrahlung wird intensiver. Dasselbe gilt natürlich für Sommer-, Herbst- und Wintertypen. Carol Jackson brachte dieses Modell mit ihrer Firma „Colour me beautyful" Anfang der 80er Jahre nach Deutschland.

Im übrigen zeigt sich, daß es nicht nur um Äußerliches und ums Image geht, sondern offensichtlich lassen sich auch manche Charaktereigenschaften nach dem Jahreszeitenmodell zuordnen – die gesamte Identität ist betroffen.

Die Gesichter
der Jahreszeiten

Sie wissen jetzt, daß ...

... sich alle Menschentypen in vier Hauptgruppen gliedern lassen, die den Jahreszeiten Frühling, Sommer, Herbst und Winter entsprechen,

... die Menschen derselben Hauptgruppe übereinstimmende, äußere Merkmale aufweisen, die genetisch verankert sind,

... alle Menschen desselben Jahreszeitentyps die gleiche Resonanz auf bestimmte Farbtöne zeigen,

... die jeweiligen Typen im Charakter und Verhalten den Eigenschaften der ihnen entsprechenden Jahreszeit in der Natur gleichen.

Stimmen Sie sich mit Hilfe der Fotos auf jede Jahreszeit ein, um ein Gefühl dafür zu bekommen, bevor Sie selbst die Tests durchführen und jahreszeitentypisch auf Seide malen lernen.

Frühlingsimpressionen

So vielfältig sich die Jahreszeiten in der
Natur präsentieren, so unterschiedlich
können auch Frühlingstypen aussehen,
auch wenn wir hier nur eine typische
Frühlingsfrau vorstellen. Im weiteren Verlauf des Buches können Sie Genaueres
über die verschiedenen Merkmale erfahren. Warme, zarte Farben mit gol-
digem Unterton zählen zu den
wichtigsten Kennzeichen.

Sommerimpressionen

Dieser typischen Sommerfrau werden Sie in diesem Buch noch mehrfach begegnen. Auch sie
stellt nur eine Möglichkeit aus der Variations-
breite dar. Typisch für den Sommer sind
eher die kühlen, bläulichen, häufig
auch gedeckten Farbnuancen; mehr
dazu in den folgenden Kapiteln.

Herbstimpressionen

Rechts eine typische Herbstfrau – auch sie ist aber nur ein Beispiel aus der Vielzahl möglicher Typausprägungen. Warme, goldige und kräftige Farbtöne sind bestimmend für diese Jahreszeit, über die Sie im Verlauf des Buches noch mehr erfahren werden.

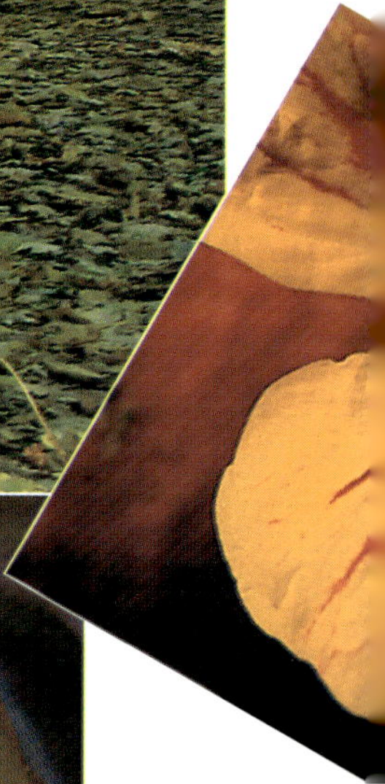

Winterimpressionen

So wie die Natur im Winter häufig Kontraste zeigt, so finden wir auch – hier nur ein
Beispiel – die Ausprägung von Wintertypen. Kalte, kräftige Töne, aber auch
„unbunte" Farben oder kühle Eisnuancen
sind in dieser Jahreszeit vorherrschend.
Weitere Informationen bieten die folgenden Kapitel.

18

Die Vorteile der Typkenntnis

Farben sind Schwingungen

Farben sind gebrochenes Licht, also Schwingung. Auch von Ihnen selbst geht eine Eigenschwingung aus. Sie tritt nun sozusagen in Kommunikation mit den Farbschwingungen Ihrer Kleidung und Umgebung. So erreicht Ihre eigene Schwingung, Ihre Ausstrahlung nur dann authentisch Ihre Mitmenschen, wenn die Farbschwingungsfrequenz Ihrer Kleidung der Ihrer Eigenschwingung entspricht.

Inhalt und Form bedingen sich gegenseitig

Jeder Inhalt braucht die zu ihm passende Form, um sich optimal entfalten zu können. Auf den Menschen bezogen ist der Inhalt sein Inneres, sein Charakter, sein Wesen, seine Talente und Fähigkeiten. Dieser Inhalt an sich ist abstrakt und nicht greifbar. Erst durch die Form – den Körper – kann der Mensch seinem Inhalt Ausdruck verleihen. Und da wir nicht alle ständig wie im Paradies herumlaufen, sondern Kleidung tragen, legen wir sozusagen eine künstliche Form über die naturgegebene. Entsprechen sich die beiden, so kann sich der Inhalt entfalten, kann also die Wesensart eines Menschen nach außen dringen. Entsprechen sich die beiden nicht, so ist der Inhalt in seiner Entfaltung behindert.

Eine Frühlingsfrau: im eher wintertypischen College-Outfit und im richtigen Frühlingsdress. Achten Sie bei der ungünstigen Kleidung auf das Gesicht: Es wirkt breitflächig, die Augen liegen tief. Die Kleidung steht optisch im Vordergrund, sie macht die Frühlingsfrau älter. Im typgerechten Outfit unten verbindet sich ihr Gesicht harmonisch mit den Farben, und aus ihren Augen strahlt die ihr eigene Pfiffigkeit.

Bei der Sommerfrau in Herbsttönen (oben) wirkt das Gesicht spitz, die Augen liegen tief, verlieren an Glanz, die Haare sehen dünn aus. Die Kleidung drängt sich in den Vordergrund.
Im typgerechten Outfit (ganz unten) wirkt das Gesicht wohlproportioniert, harmoniert mit den Farben. Die Haare passen stimmig ins Gesamtbild, die Sommerfrau wirkt elegant und jugendlich mit leuchtenden Augen.

Die Herbstfrau wirkt in dem eleganten Outfit eines Sommertyps um Jahre gealtert (ganz oben). Ihre Augen wirken traurig, sie liegen tief und haben Schatten, man sieht Falten, die Hautfarbe wirkt ungesund.
Im richtigen Herbstoutfit (untere Abbildung) kommt die natürliche Schönheit zum Tragen. Die Augen strahlen, die Hautfarbe wirkt lebendig, die Herbstfrau wirkt froh und wesentlich jünger.

Werden Sie diejenige, die Sie in Ihrem Inneren sind

Die vorigen Worte klingen vielleicht seltsam und theoretisch. Doch der praktische Nutzen ist unverkennbar.

Wenn Sie Ihren Jahreszeitentyp kennen, die zu Ihnen passenden Farbtöne und Formen, haben Sie einen Weg zu besserem Aussehen gefunden. Das Einkaufen wird einfacher und preiswerter. Lästige Fragen wie „Was ziehe ich an? Was paßt wozu?" sind schneller beantwortet.

Doch die Vorteile der Typkenntnis gehen weit über das Äußere hinaus: Höhere Attraktivität und die Anerkennung durch andere werden Ihre Sicherheit sowie Ihr Selbstwertgefühl steigern. Sie leben mehr im Einklang mit sich selbst. Die Kenntnis des eigenen Jahreszeitentyps (dazu wollen wir Sie ermutigen) ist daher ein wertvolles Instrument zur Selbsterkenntnis.

Seidenmalerei – die praktische Anwendung führt zum Erfolg

Die Jahreszeitentypologie steht und fällt mit der praktischen Anwendung. Das heißt: Sie werden all die Vorteile nur dann erleben, wenn Sie sich ganz konkret mit den zu Ihnen passenden Farbtönen und Formen umgeben. Das fängt bei Kleidung und Kosmetik an, geht jedoch zum Beispiel bei Wohnung, Arbeitsplatz, Auto und ähnlichem weiter.

Wenn Sie selbst auf Seide malen, dann ist das ein wunderbarer Weg, sich intensiv mit den Farbtönen und Formen der Jahreszeiten vertraut zu machen. Sie finden in diesem Buch nützliche Tips zur Planung eines Tuches, außerdem Farbpaletten, Anleitungen für Mustertücher sowie viele Ideen für Seidentücher, -schals und Krawatten. Sehen Sie sich zur Veranschaulichung der Vorteile die Bildgegenüberstellungen an: Zu sehen sind Frauen unterschiedlichen Typs, einmal vor und einmal nach der Beratung.

Die Winterfrau trug zunächst ein Frühlingsoutfit. Es steht im Vordergrund, ihre Ausstrahlung verschwindet dahinter. Die Gesichtshaut wirkt ungesund, das Gesicht unharmonisch breitflächig, die Augen liegen tief. Die typgerechte Kleidung (unten) tritt vorteilhaft in den Hintergrund, die tiefgründig-elegante Ausstrahlung kommt zur Geltung. Das Gesicht wirkt schlank, die Haut gesund, die Augen strahlen.

SO BESTIMME ICH MEINEN JAHRESZEITEN-TYP

Lesen Sie auf den folgenden Seiten

alles Wissenswerte rund um die

Bestimmung des Jahreszeitentyps.

Wie wird's gemacht?

Wie arbeiten Farb- und Stilberaterinnen?

Welche Kosten entstehen?

Farb- und Stilberatung heute

Mittlerweile gibt es viele Firmen und Institute, die hauptsächlich im Bereich von Mode, Kosmetik und Image mit dem Jahreszeitenmodell arbeiten. Ausgebildete Farb- und Stilberaterinnen bieten dort eine meist 90- bis 120minütige Beratung an. Sie bestimmen Ihren Jahreszeitentyp, geben praktische Tips zum Stil Ihrer Kleidung und legen Ihnen ein typentsprechendes Make-up an. Das Ganze kostet in der Regel zwischen 120 DM und 300 DM.

Seminare richten sich an diejenigen, die sich eingehender mit der Materie auseinandersetzen möchten.

Die allgemeine Verbreitung und Popularität des Jahreszeitenmodells, auch durch Promotionmaßnahmen und viele Veröffentlichungen, fördert gleichzeitig das Bedürfnis nach persönlicher Beratung. Nicht nur die bloße Typbestimmung, sondern das individuelle Image und die Persönlichkeit rücken in den Vordergrund.

Praktische Tips

Qualität der Beratung

Bei den Stil- und Farbberaterinnen gibt es deutliche Qualitätsunterschiede. Zu mir kamen schon etliche falsch bestimmte und beratene Kundinnen. Auch treiben unlautere Gesellschaften wie zum Beispiel Sekten ihr Unwesen in dieser einkommensträchtigen Branche. Wenn Sie sich für eine Beratung oder einen Seminarbesuch entscheiden, dann gehen Sie möglichst an eine der „Quellen" – das heißt, zu den Schulen und Menschen, die das Modell mit seiner praktischen Anwendung mitentwickelt bzw. die dort gelernt haben. Seien Sie – wie immer, wenn andere Sie von etwas überzeugen wollen – kon-

struktiv kritisch! Hinterfragen Sie, nehmen Sie nichts an, was Sie nicht verstehen. Und tun Sie nur das, womit Sie sich wohl fühlen.

Wie sicher ist die Typbestimmung?

Sie lernen in diesem Buch eine Methode kennen, nach der Sie selbst an sich und anderen eine Typbestimmung nach dem Jahreszeitenmodell vornehmen können. In 80% aller Fälle funktioniert das gut und richtig. Jedoch gibt es auch Menschen, die sich nicht so einfach bestimmen lassen. Ich rate Ihnen, sich Ihr Ergebnis auf jeden Fall durch eine fachkundige Person bestätigen zu lassen oder sich selbst besser weiterzubilden. Dieses Buch bietet viele wertvolle Anregungen und eine Menge Anschauungsmaterial, es ersetzt aber keine Ausbildung!

Gibt es Mischtypen?

Hierauf eine ganz eindeutige Antwort: Nein!

Jeder Mensch hat zwar von jedem Jahreszeitentyp etwas in sich, genauso wie jede Jahreszeit Teile jeder anderen Jahreszeit in sich trägt (zum Beispiel Hagel = Eis im Sommer). Bei der Bestimmung des Jahreszeitentyps geht es aber um den Haupttyp. Der ist immer eindeutig Frühling, Sommer, Herbst oder Winter. Innerhalb eines jeden Haupttyps gibt es zwar an die vorhergehende oder nachfolgende Jahreszeit angrenzende Typen. Diese sind auch mitunter schwer zu bestimmen, weil sie schon viele Merkmale der angrenzenden Jahreszeit aufweisen. Aber trotzdem sind selbst diese Typen immer eindeutig und keine Mischtypen!

Methoden der Typbestimmung

Führend sind zwei Methoden, die wir Ihnen auf den folgenden Seiten vorstellen wollen: Typbestimmung *nach äußeren Merkmalen* und Typbestimmung *mit dem Farbresonanztest*.

Es gibt auch Fragebögen zur Jahreszeitentypbestimmung. Das Ergebnis ist allerdings nur zu 60 bis 80% sicher. Meine Erfahrungen haben gezeigt, daß junge Menschen bei Fragebögen eine höhere Trefferquote erzielen als ältere.

Am besten wählen Sie als Laie mindestens zwei verschiedene Verfahren, um Ihr Ergebnis abzusichern.

Bevor es losgeht – wichtige Hinweise

Vier oder sechs Augen sehen mehr als zwei. Holen Sie sich also Unterstützung bei der Typbestimmung! Vor allem, wenn Sie sich selbst bestimmen, brauchen Sie Hilfe, denn erfahrungsgemäß können andere Menschen Sie wertfreier betrachten und einschätzen als Sie sich selbst.

Laden Sie doch Ihre Freundinnen zum Jahreszeiten-Nachmittag ein. Die verschiedenen Typen lassen sich im Unterschied zueinander besser erkennen, und es macht auch Spaß miteinander.

Gehen Sie in der Typbestimmung immer nach dem Ausschlußprinzip vor. Das heißt: Schließen Sie zuerst aus, welcher Typ auf keinen Fall in Betracht kommt. Dann schließen Sie den nächsten aus usw., bis nur noch einer übrig bleibt.

Geben Sie sich Mühe, und nehmen Sie sich Zeit! Sie tun sich einen Gefallen, wenn Sie sich die Typbestimmung nicht leicht machen. Wenn Sie Zweifel haben, dann teilen Sie diese mit. Legen Sie niemals einen Menschen auf einen Typ fest, ohne sich absolut sicher zu sein! Denken Sie immer daran: Ein gutes Buch macht noch keinen Profi aus Ihnen!

Ein Frühlingstyp:
Achten Sie auf den
typischen goldenen
Farbton auf der Haut und
in den Haaren. Die Augen
glänzen wie kurz vor dem
Weinen. Das Haar ist fein
und fällt, wie es will.
Wenn man von den langen
Haaren absieht, hat diese
Frühlingsfrau eine
androgyne Ausstrahlung.

Ein Sommertyp: Zu
erkennen ist der typische
aschige Farbton in Haut
und Haaren. Diese Frau
wirkt auf den ersten Blick
eher unscheinbar und wie
eine „graue Maus". Sieht
man sie so, würde man
kaum vermuten, was sie
alles aus sich machen
kann.

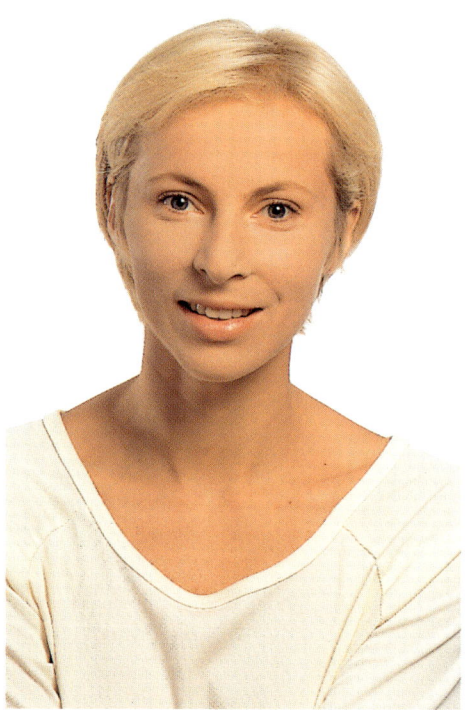

Die Typbestimmung nach äußeren Merkmalen

Bei dieser Methode versuchen Sie durch Vergleichen herauszufinden, welche jahreszeitentypischen Merkmale auf Sie zutreffen. Dazu dienen die vier Tabellen auf den Seiten 28/29. Finden Sie heraus, wie Sie sich am ehesten einschätzen würden. Lassen Sie sich nicht irritieren, wenn nicht alle Merkmale eines Typs auf Sie zutreffen oder wenn auch die anderer Jahreszeiten für Sie stimmen. Wie jede Jahreszeit in der Natur Teile aller Jahreszeiten in sich birgt, so trägt auch der Mensch Anteile aller Jahreszeitentypen in sich.
Dasselbe trifft auf die vier Fotos dieser Doppelseite zu, die Sie natürlich auch zum Vergleichen heranziehen sollten. Bevor Sie ins Detail gehen: Hier ein paar wichtige Dinge, auf die Sie unbedingt achten sollten, um ein richtiges Ergebnis zu erzielen.

Der Hautunterton – das A und O

Ein gelber oder goldener (also warmer) Hautunterton weist immer auf einen Frühlings- oder Herbsttyp hin. Ein blauer, weißer oder olivfarbener (also kühler) Hautunterton weist immer auf einen Sommer- oder Wintertyp hin. (Haut*unter*ton heißt es deshalb, weil er durch die transparente Oberhaut hindurchscheint.)
Um den Hautunterton einzuschätzen, machen Sie einen Arm frei. Dann halten Sie ihn eine Weile nach oben, damit das Blut zurückfließt. Und schließlich legen Sie ihn auf einen reinweißen Untergrund (zum Beispiel ein neutralweißes Papier), am besten bei Tageslicht. Haben Sie nur Kunstlicht zur Verfügung, so sollte es nicht farbstichtig, sondern möglichst weiß sein. Gut eignet sich Halogenlicht. Oft erkennen Sie die Farbtönung der Haut nur im Vergleich zu einer anderen Haut.

Haarfarbe

Sollten Sie schon lange Ihre Haarfarbe verändern, so verlassen Sie sich nicht auf die Erinnerung daran, wie die Haarfarbe einmal war. Entweder sieht man es am Haaransatz, oder Sie vernachlässigen das äußere Merkmal der Haare ganz.

Augen

Die Grundfarbe der Augen spielt keine Rolle: Egal, ob Sie braune, grüne oder blaue Augen haben – Sie können jeder Typ sein. Es kommt aber auf die Art der Farbtönung an, auch auf die Tönung des Augenweiß und auf die Abgrenzung zwischen Augenweiß und Iris.

Der Umgang mit den Tabellen

Schauen Sie in einen Spiegel, und sehen Sie in den Tabellen auf den Seiten 28/29 nach, welche Merkmale Sie bei sich selbst vorfinden.

Beachten Sie, daß nicht immer alle Beschreibungen innerhalb einer Spalte gleichzeitig zutreffen (müssen)!

Legen Sie sich dann auf einem Extrablatt eine eigene große Tabelle an: mit fünf Spalten und sieben Zeilen.

Ganz links in der ersten Spalte, ab der zweiten Zeile, notieren Sie untereinander die Stichworte *Haut, Augen, Haare, Gesamteindruck* sowie *Farbresonanztest* und *Gesamtergebnis*. Am Kopf der zweiten bis fünften Spalte steht *Frühlingstyp, Sommertyp, Herbsttyp* und *Wintertyp*.

Tragen Sie anschließend Ihre Beobachtungen in diese Tabelle ein. (Die Zeile für den Farbresonanztest lassen Sie zunächst frei, dieser Methode widmen wir uns anschließend.) Wenn die Ergebnisse noch nicht auf eine Jahreszeit hindeuten, prüfen Sie so lange weiter, bis Sie zu einer sichereren Aussage kommen. Oder ziehen Sie andere Personen zur Beurteilung oder zum Vergleichen mit heran.

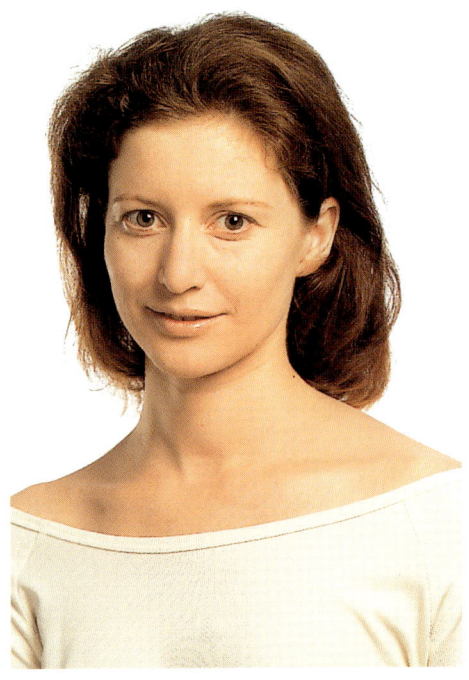

Ein Herbsttyp: Solche Frauen wirken auch ohne Make-up. Diese hier hat den Teint der zarten, elfenbeinhäutigen Herbstfrauen mit Sommersprossen. Das Gesicht wirkt insgesamt ausdrucksstark und ausgereift. Augen- und Haarfarbe unterstreichen die warmherzige Ausstrahlung.

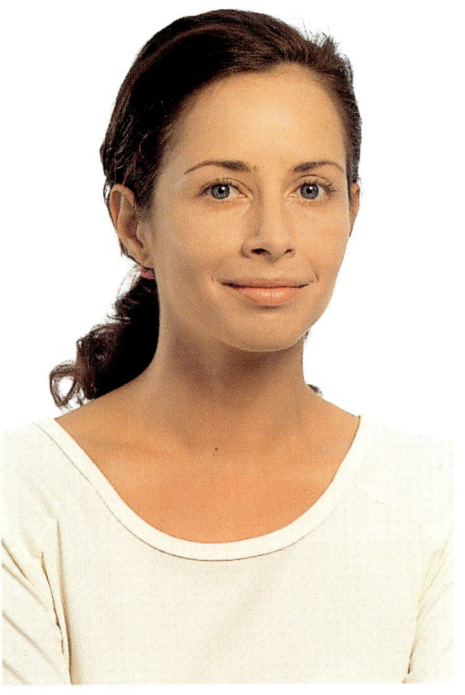

Ein Wintertyp: Deutlich ist der typische Kontrast zu erkennen, hier die strahlend-blauen Augen und das schwarze Haar. Diese Winterfrau hat uns verraten, daß ihre Haut ungebräunt fast weiß ist. Durch die natürlich gegebenen Kontraste wirkt sie bereits ohne Make-up interessant und extravagant.

Äußere Merkmale des Frühlingstyps

Haut	Augen	Haare	Gesamteindruck
☐ Gelblich	☐ Wie kurz vor dem Weinen, von einem Wasserschleier überzogen	☐ Gelbstichtig	☐ Frauen oft „schlaksig"-schlank, Männer neigen zu mehr Fettgewebe und weichen Rundungen
☐ Goldbeige		☐ Rötlich glänzend	
☐ Zartgold		☐ Oft mehrere Haarfarben, wie natürliche Strähnchen	
☐ Wie gelbliches Elfenbein	☐ Glänzend klar	☐ Farbschattierungen, auch ohne Sonneneinwirkung	☐ Androgyn (mit Merkmalen und Wesenszügen des anderen Geschlechts)
☐ Pfirsichrosa Wangen	☐ Dunkler Ring um die Iris		
☐ Neigung zu roten, hektischen Flecken	☐ Gelbliches Augenweiß	☐ Schwer zu bändigen: wegen Naturlocken, Naturkrause, Wirbeln oder weil das Haar dünn und fein ist	☐ Wirkt auch mit zunehmendem Alter jugendlich
☐ Transparente, zarte, durchsichtige Haut, so als wolle das Darunterliegende durchbrechen			
☐ Neigung zu roten Fingerknöcheln, Ellbogen und Knien			

Äußere Merkmale des Sommertyps

Haut	Augen	Haare	Gesamteindruck
☐ Bläulich bis kühles Oliv	☐ Nicht ganz klar, wie von einem Nebelschleier überzogen (besonders gut aus einiger Entfernung zu sehen)	☐ Mausig-stumpf	☐ Beschäftigt sich viel mit seinem Äußeren und seiner Wirkung auf andere
☐ Blaßrosig		☐ Aschige, stumpfe Farbtöne	
☐ Haut wirkt tendenziell grau und stumpf		☐ Als Kind oft asch- oder weißblond	☐ Ungestylt unauffällig in der Wirkung (graue Maus), gestylt sofort auffallend
☐ Im Winter oft weißlich-fahl	☐ Meist Mischfarben in der Iris (z. B. Graublau oder Graubraun)	☐ Ergraut oft früh, aber dann attraktiv zu einem Weiß- oder Silbergrau	
☐ Neigung zu Rötungen und Pickelchen	☐ Augenweiß wirkt milchig	☐ „08/15-Haare" ohne große Eigenwirkung: man kann viel daraus machen, aber ansonsten wirken sie meist leblos	☐ Legt Wert auf gutes Benehmen und gute Umgangsformen
	☐ Tendenz zu Schlupflidern		☐ Eindeutig geschlechtsspezifisch
		☐ Bei blonden Sommertypen neigt das Haar unter Sonneneinwirkung dazu, sich gelblich zu verfärben. Vorsicht, dann nicht mit dem Frühlingstyp verwechseln!	☐ In den Körperformen gut proportioniert (deshalb ungestylt unauffällig)

Äußere Merkmale des Herbsttyps

Haut
- [ ] Goldgelb
- [ ] Erdig-bronzefarben
- [ ] Wie blasses Elfenbein
- [ ] Neigung zu (rötlichen) Sommersprossen
- [ ] Eher keine Rötungen oder Pickelchen

Augen
- [ ] Ausdrucksstark
- [ ] Warmherzige Ausstrahlung
- [ ] Iris in einem warmen Farbton
- [ ] Pupille häufig von einem goldenen Strahlenkranz umgeben
- [ ] Augenweiß leicht gelblich

Haare
- [ ] Rötlich und/oder golden schimmernd
- [ ] Voller, glänzender Farbton
- [ ] Reflektiert deutlich das Licht
- [ ] Ergraut mit goldgelbem Schimmer

Gesamteindruck
- [ ] Naturschönheit
- [ ] Ausdrucksstark
- [ ] Eher volle, runde Körperformen
- [ ] Mund und/oder Augen fallen im Gesicht besonders auf
- [ ] Es reicht bei Frauen wenig Make-up
- [ ] Ausgeprägte weibliche bzw. männliche Ausstrahlung

Äußere Merkmale des Wintertyps

Haut
- [ ] Bläulich bis kühles Oliv
- [ ] Porzellanartig weiß
- [ ] Aschig in der Wirkung
- [ ] Festes Hautbild

Augen
- [ ] Kontrastreich
- [ ] Eindeutiges Augenweiß
- [ ] Augenweiß ist deutlich von der Iris abgegrenzt
- [ ] Eindeutige Irisfarben
- [ ] Klare, oft große Augen

Haare
- [ ] Klare, kräftige Farbe
- [ ] Kräftig aschfarbig
- [ ] Weißblond
- [ ] Ergraut attraktiv zu einem Silber-, Weiß- oder blaustichigen Grau
- [ ] Blonde Wintertypen sind als Kind oft weißblond

Gesamteindruck
- [ ] Eindeutig
- [ ] Kontrastreich
- [ ] Häufig Kontrast zwischen Haar- und Augenfarbe
- [ ] Extravagant
- [ ] Neigt zu Einzelgänger- oder Kämpfertum

Vorsicht: In Mitteleuropa gibt es Wintertypen, die oftmals in ihrem Äußeren nicht so ausgeprägt sind und wie Sommertypen wirken (aschige Haarfarbe und nicht eindeutige Irisfarbe). Beim Farbresonanztest stellen sie sich aber eindeutig als Wintertypen heraus.

Diese vier Tabellen dienen der Typbestimmung nach äußeren Merkmalen. Beachten Sie, daß nicht immer alle Beschreibungen innerhalb einer Spalte gleichzeitig zutreffen (müssen)! Bevor Sie diese Tabellen zu Rate ziehen, informieren Sie sich bitte über die Vorgehensweise auf den Seiten 26/27. Wir empfehlen Ihnen, dann auch den Farbresonanztest durchzuführen (ab Seite 30).

Der Farbresonanztest

Farben und Farbtöne

Die folgende Testmethode beruht darauf, daß die uns umgebenden Farben auch von unserer Haut reflektiert werden. Außerdem nimmt der Betrachter das Gesicht und die Umgebung gemeinsam wahr. Je nach Typ, nach Hautbeschaffenheit, fällt das Ergebnis sehr unterschiedlich aus: Die passenden Farbtöne lassen unser Gesicht vorteilhaft aussehen, unpassende Töne lassen negative Dinge ins Auge fallen, lenken ab, bringen Disharmonie in die Proportionen und so weiter. Bevor wir die Methode zeigen, einige grundsätzliche Worte zum Thema Farbe und Farbton.

Jeder Jahreszeitentyp kann jede *Farbe* tragen (also Rot, Gelb, Blau, Grün), der Unterschied liegt aber im Ton und in der Intensität dieser Farben. Wir trennen hier in warme und kalte sowie in starke und zarte Farben. Jedem Jahreszeitentyp entsprechen also bestimmte *Farbtongruppen* (siehe auch links).

Zum Frühlingstyp gehören die warmen, zarten Farbtöne, zusätzlich ein kräftiges Aquamarin und Apfelgrün.

Zum Sommertyp gehören die kalten, zarten Farbtöne. Sie wirken dadurch zart, daß sie wie leicht überpudert oder von einem Nebelschleier überzogen sind. Zum Herbsttyp gehören die warmen, kräftigen, voll-mundigen und satten Farbtöne. Zum Wintertyp gehören die kalten, kräftigen, klaren und eisblassen Farbtöne.

Ihre persönlichen Testtücher

Wir zeigen Ihnen auf der rechten Seite vier Testtücher aus Crêpe de Chine, die in vier verschiedenen Blautönen eingefärbt wurden.

Obwohl alle Tücher blau sind, sind doch die Farbtöne sehr verschieden. Jedes Tuch paßt zu einem anderen Jahreszeitentyp, unterstreicht die Vorteile seines Äußeren, während die übrigen drei Töne jeweils unvorteilhaft wirken. Natürlich könnte man den Test auch mit allen anderen Farben in den entsprechenden Farbtönen durchführen.

Zur Vorbereitung stellen Sie sich die vier Tücher her. Wir nennen Ihnen hier die Farbtöne, die wir für die Originaltücher verwendet haben:

Frühling: Türkis (Tobasign 09), 1:1 verdünnt aufgetragen;
Sommer: Porzellan (Tobasign 23), unverdünnt aufgetragen;
Herbst: Petrol (Silkolor 27), unverdünnt aufgetragen;
Winter: Pariserblau (Marabu-SilkArt 58), unverdünnt aufgetragen.

Sobald Sie die vier Bestimmungstücher in einer Farbe, aber in jahreszeitentypischen Tönen haben, können Sie den Farbresonanztest selbst durchführen.

Der Test

Sie legen sich die Tücher der Reihe nach vor einem Spiegel sitzend um oder lassen sie sich von jemandem umlegen und schauen, wie sich Ihr Gesicht in der Resonanz zu den verschiedenen Farbtönen verändert. Achten Sie auch bei diesem Test auf eine gute und möglichst farbneutrale Lichtqualität.

Negative Resonanz

Wenn Sie ein Tuch umgelegt haben, das *nicht* zu Ihrem Farbtyp paßt, wird es – vor allem im Vergleich zum geeigneten Tuch – unvorteilhaft wirken. Das können Sie beispielsweise an folgenden Kriterien erkennen:

▨ Sie wirken müde und abgespannt.

▨ Man sieht Fältchen, Rötungen und Hautunreinheiten.

▨ Es erscheinen Ringe unter den Augen.

▨ Ihr Gesicht wirkt asymmetrisch oder schief.

▨ Ihr Gesicht wirkt unförmig (entweder zu dick und rund oder ganz spitz).

▨ Ihre Augen erscheinen stumpf und klein.

▨ Der Blick wird von den Augen abgelenkt und geht auf das Tuch.

Positive Resonanz

Anders verhält es sich, wenn Sie ein Tuch umgelegt haben, das genau zu Ihrem Jahreszeitentyp paßt. Der geeignete Farbton unterstreicht die Vorzüge Ihres Gesichtes, wirkt harmonisch mit ihnen zusammen. Erkennbar ist das beispielsweise an folgenden Kriterien:

▨ Sie sehen frisch und ausgeruht aus.

▨ Ihre Gesichtshaut wirkt glatt – Fältchen, Rötungen und Hautunreinheiten treten zurück.

▨ Die Ringe unter den Augen fallen nicht mehr auf.

▨ Ihr Gesicht wirkt symmetrisch und harmonisch.

▨ Ihre Augen leuchten, sie sind groß und offen.

▨ Das Tuch lenkt den Blick ins Gesicht und hier in die Augen, Tuch und Gesicht bilden eine harmonische Einheit.

Das Ergebnis

Wenn Sie sich sicher sind, welches Jahreszeiten-Testtuch zu Ihnen paßt, tragen Sie das Ergebnis in Ihre Tabelle (siehe Seite 27) ein. Jetzt haben Sie, zusammen mit der Beobachtung der äußeren Merkmale, Ihren Typ ermittelt. In Zweifelsfällen ziehen Sie andere Personen zu Rate oder lassen das Ergebnis von einer professionellen Farbberaterin überprüfen.

Um den Farbresonanztest zu demonstrieren, haben wir diese Methode mit den vier Jahreszeitentypen einmal durchgespielt. Schauen Sie sich die Fotoreihe auf den folgenden Seiten an. (Beachten Sie aber, daß die Farbtöne durch den Druckvorgang etwas verändert wiedergegeben sein können. Die Farben der Originaltücher wirken zumeist intensiver.)

Das Wintertuch verursacht hier tiefliegende Augen, eine traurig-ernste Ausstrahlung, man sieht die ausgeprägte Mimikfalte von den Nasenwinkeln zum Mund. Die Frau wirkt älter als auf dem großen Foto und müde. Außerdem erscheint der Kopf optisch wie vom Körper „abgetrennt".

Das Sommertuch erzeugt einen ähnlichen Eindruck wie das Wintertuch. Die Hautfarbe wirkt ungesund. Im Unterschied zum Herbst- sowie Wintertuch wirkt die hellere Farbe jedoch wohltuend zu diesem Gesicht.

Obwohl Türkis als Farbton eigentlich auffallend ist, verbindet sich hier die Farbe des Frühlingstuches harmonisch mit dem Gesicht. Die Hautfarbe wirkt lebendig, die Augen werden optisch groß und strahlen, und die Frau (offensichtlich ein Frühlingstyp) wirkt jünger.

Der warme Farbton des Herbsttuches schmeichelt der Haut schon mehr, aber es steht immer noch die Farbe im Vordergrund, das Tuch wirkt optisch viel zu schwer für diesen Typ.

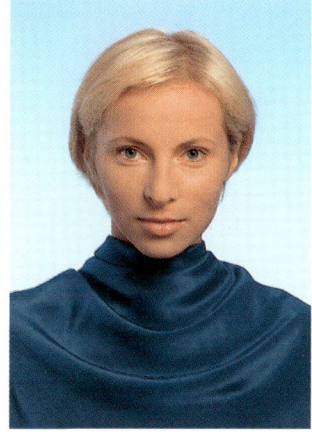

Der Test mit dem Herbsttuch fällt hier ähnlich aus wie mit dem Wintertuch: Die Hautfarbe verändert sich optisch – allerdings zu Ungunsten dieses Typs.

Die hellere, leichtere Farbe des Frühlingstuchs wirkt im Unterschied zu Herbst- und Wintertuch wohltuend. Aber immer noch steht die Farbe im Vordergrund und nimmt etwas von der persönlichen Ausstrahlung dieser Frau.

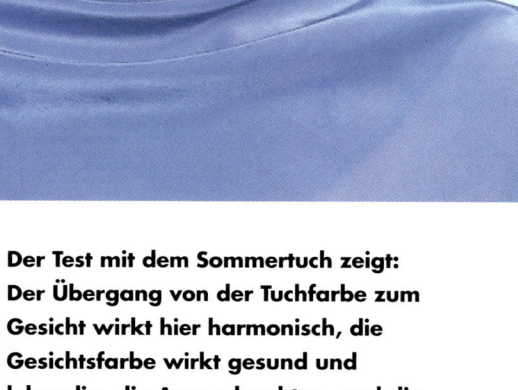

Mit dem Wintertuch wirkt das Gesicht dieses Typs spitz und streng, die Nase zu breit, die Augen liegen tief in den Höhlen und wirken faltig. Der Kopf scheint wie vom Körper abgetrennt, die Farbe empfinden wir als schwer, sie steht im Vordergrund.

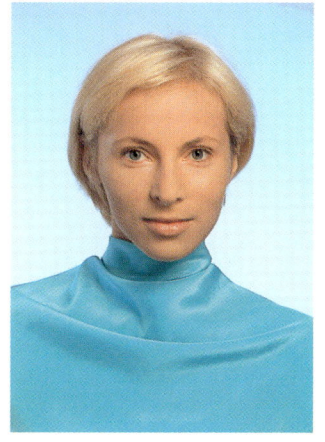

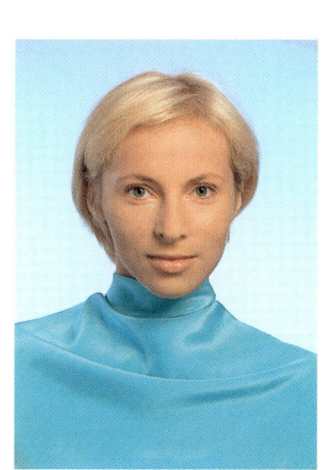

Der Test mit dem Sommertuch zeigt: Der Übergang von der Tuchfarbe zum Gesicht wirkt hier harmonisch, die Gesichtsfarbe wirkt gesund und lebendig, die Augen leuchten, und die Eleganz dieser Sommerfrau beginnt durchzustrahlen.

Die Augen dieser Frau werden beim Test mit dem Wintertuch optisch kleiner und wirken tiefliegender als auf dem großen Foto. Sie wirkt insgesamt traurig, müde und viel älter. Falten werden sichtbar, und die Hautfarbe erscheint ungesund.

Die strahlende Farbe des Frühlingstuchs steht hier im Vordergrund und macht das Gesicht blaß, die persönliche Ausstrahlung dieses Typs kommt nicht zur Geltung.

Mit dem Herbsttuch werden die Augen optisch groß und leuchtend. Das Gesicht wirkt harmonisch und tritt optisch in den Vordergrund. Die Haare glänzen, und die warmherzige Ausstrahlung dieser eindeutigen Herbstfrau kommt zum Tragen.

Der Test mit dem Sommertuch läßt die Frau älter erscheinen, die Augen sind klein und zurückliegend. Man sieht ihre Falten, und die Hautfarbe wirkt fahl.

Die Wirkung des Sommertuches ist ähnlich wie der Test mit dem Frühlingstuch. Lediglich die Gesichtsfarbe frischt etwas auf. Die Tuchfarbe ist zwar etwas dezenter, steht aber immer noch deutlich im Vordergrund.

Das Frühlingstuch läßt das Gesicht dieses Typs eher unproportioniert erscheinen, die Augen liegen tief und haben Schatten. Die Mimikfalten von den Nasenflügeln zum Mund fallen auf, die Hautfarbe wirkt fahl. Das Gesicht tritt in den Hintergrund und wird von der Farbe des Tuches überstrahlt.

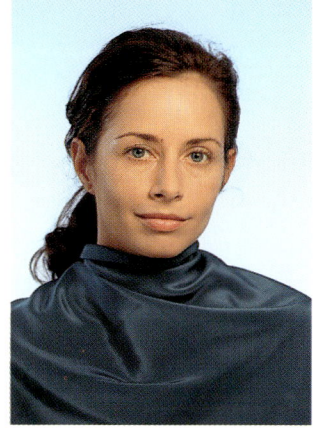

Die schwerere Farbe des Herbsttuches paßt schon besser zur Ausstrahlung dieses Typs. Aber die Mimikfalten sind immer noch stark sichtbar, die Augen leuchten noch nicht, wie sie sollen, und das Kontrastreiche des Gesichtes wird nicht ausreichend betont.

Das Wintertuch sorgt hier für strahlende, große Augen. Das Kontrastreiche im Gesicht dieses eindeutigen Wintertyps wird betont, und damit kommt die extravagante Persönlichkeit zum Tragen. Die Farbe des Tuches tritt zugunsten der individuellen Ausstrahlung dieser Frau in den Hintergrund.

Der Frühlingstyp

Die Natur des Frühlings

Sind Sie ein Frühlingstyp? Dann treffen wahrscheinlich die folgenden Beschreibungen auf Sie zu.

Beobachten Sie den Frühling in der Natur, so sind seine herausragenden Merkmale: im Inneren verborgene Kraft, Durchsetzungsfähigkeit, Flexibilität, Zartheit, Anpassungsfähigkeit, Vielfalt und Buntheit. Dieselben Charaktereigenschaften zeigen auch die Frühlingstypen in ihrem Verhalten: Sie wirken oft zart und zerbrechlich, sind aber, wenn es darauf ankommt, zäh wie kaum ein anderer Jahreszeitentyp. Sie beeindrucken durch ihr unendlich scheinendes Kraftreservoir und ihre hohe Durchsetzungsfähigkeit. Die Buntheit und Vielfalt ihres Charakters zeigt sich in ihrer Phantasie – so sind Frühlingstypen auch in kreativen Berufen in der Regel gut aufgehoben. Sie neigen allerdings auch dazu, etwas anzufangen und nicht zu vollenden, und hinterlassen häufig „kreatives Chaos".

Geeignete Farbtöne

Dem Frühlingstyp entsprechen gelbstichige, warme, bunte, klare, frische und nicht zu kräftige Farbtöne – mit Ausnahme von Aquamarin und Apfelgrün. (Bitte schauen Sie sich dazu auch die Seiten 46–49 an sowie das Kapitel ab Seite 64.) Diese Farbtöne unterstreichen Ihren Typ, stehen im Einklang mit Ihrem Wesen.

Passender Stil

Dem Frühlingstyp entspricht der äußere Stil, der zu seinem Charakter paßt: kreativ und bunt. Nach strengen Modegesetzen Unpassendes kann er gut zusammen tragen. Ein Mix von verschiedenen Stilen, Stoffarten, Farb- und Musterkombinationen bringen seinen Typ am besten zur Geltung. Lassen Sie sich also nicht abschrecken von der Buntheit, auch wenn es Ihnen anfangs überladen vorkommt. So widersinnig es scheint: Ihr Gegenüber sieht dennoch Ihre Persönlichkeit und das Strahlen Ihrer Augen.

Bevorzugte Stoffe

Als Frühlingstyp können Sie gut folgende Stoffe tragen: Seide, Leinen, Baumwolle, Viskose, Wolle, vor allem Seidengeorgette, Wollcrêpe, Alpaka und Mohair. Welche anderen Seidenarten sich außerdem besonders gut für Sie eignen, lesen Sie auf den Seiten 50/51.

Vorteilhafte Muster

Nicht nur die Sie umgebenden Farben, sondern auch die Muster spielen eine große Rolle. Von Vorteil für den Frühlingstyp sind: kleine Muster, Mustermix, phantasievolle Muster, Streifen, Pünktchen, Blümchen und Blumen, Bildmotive, Einzelmotive als Aufdrucke sowie lässige und verspielte Muster.

Schmuck und Accessoires

Frühlingsmenschen sind prädestiniert für Schmuck und Accessoires – sie brauchen damit nicht zu sparen. Die

Frühlingsfrau kann sehr gut Modeschmuck tragen, der Frühlingsmann zum Beispiel einen Ohrring. Ideal sind für ihn aber nicht nur verspielte Krawatten, sondern auch Fliegen, für die Sie hinten im Ideenteil ab Seite 64 einige Vorschläge finden.

Zum Frühlingstyp passen gelb- und rotgoldene Metalle oder auch Bicolor. Bei Schmucksteinen orientieren Sie sich bitte wieder an Ihrer Farbpalette (siehe auch Seite 46).

Typisch Frühling: Warme, helle Farbtöne, verspieltes, leicht flippiges Outfit, der locker drapierte Schal und flatternde Haare. Ein dezentes Make-up in Frühlingsfarbtönen schmeichelt dem goldenen Hautton.

Der Sommertyp

Die Natur des Sommers

Hat der Test ergeben, daß Sie ein Sommertyp sind? Dann treffen wahrscheinlich folgende Beschreibungen auf Sie zu.

Der Sommer löst den Frühling ab. Wenn wir an ihn denken, so tauchen Bilder auf wie: strahlender Sonnenschein, herzhafte Sommergewitter, offene und farbenfrohe Blüten, heißer, dunstiger, silbriger Nebel. Wir verbinden mit dem Sommer Freizeit, Urlaub und Spaß.

Genauso ist auch der Charakter des Sommermenschen. Er löst den Frühling ab und fühlt sich ihm überlegen. Obwohl die meisten Sommermenschen zum „Workaholic" neigen, wirken sie immer so, als fiele ihnen alles ganz leicht. Sie scheinen immer Zeit und ein offenes Ohr zu haben, wirken meist ausgeglichen, fröhlich und freundlich. Ab und zu bricht das „Sommergewitter" über ihre Mitmenschen herein, aber gleich anschließend ist alles wieder in Ordnung.

Sommermenschen sind nicht nachtragend und selten Miesmuffel. Wenn es ihnen nicht gut geht, zeigen sie das nur sehr nahestehenden Menschen. Ansonsten ziehen sie sich zurück. Sie sind meist ordnungsliebend und streng, wenn es um das Einhalten von Regeln geht. Anerkennung ist für sie so wichtig wie für die Sommerpflanze das Wasser zum Leben.

Geeignete Farbtöne

Dem Sommertyp entsprechen die Farbtöne seiner Jahreszeit: blaustichig, kühl, überpudert, silbrig-grau und eher pastellig, leicht vernebelt, gedeckt.

(Bitte schauen Sie sich dazu auch die Seiten 46–49 an sowie das Kapitel ab Seite 80). Diese Farbtöne unterstreichen Ihren Typ, stehen im Einklang mit Ihrem Wesen.

Passender Stil

Im Gegensatz zum Frühlingstyp sollte der Sommermensch sehr vorsichtig sein, was das Mixen von Stilen, Stoffen, Farben und Mustern angeht. Sein Motto lautet: Lieber wenig und dezent, dafür aber edel und fein.

Bevorzugte Stoffe

Als Sommertyp können Sie gut folgende Stoffe tragen: Seide, Baumwolle, Viskose, Wolle, vor allem Seidensatin, Crêpe de Chine, Musselin, Merinowolle, auch Cashmere und Angora. Welche anderen Seidenarten sich außerdem gut für Sie eignen, lesen Sie auf den Seiten 50/51.

Vorteilhafte Muster

Nicht nur die Farben sind entscheidend dafür, ob Ihnen eine Kleidung gut steht, sondern auch die Art der Musterung. Muster können bisweilen stark vom Gesicht ablenken, was für die ohnehin manchmal unscheinbar

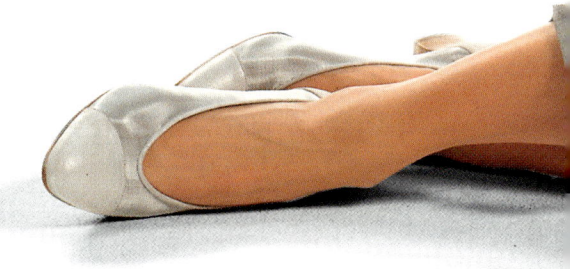

wirkenden Sommer-
typen nicht ideal ist. Deshalb stehen Ihnen unifarbene
Stoffe am besten. Achten Sie also
darauf, daß Muster nur sehr dezent
auftauchen – schön sind auch Webmuster
oder ein in sich gemusterter Stoff. Gut
eignen sich auch Einzelmotive (zum Beispiel eine Rose) und Muster, die durch in-
einanderfließende Farben entstehen. Am
besten entschließen Sie sich jeweils für
nur eine Farbgruppe (also zum Beispiel
verschiedene Blautöne) und geben den
Pfiff durch anderweitige Accessoires wie
etwa einen Seidenschal oder eine Brille.

Schmuck und Accessoires

Auch hier gilt: Wenige und dafür
edle Materialien machen mehr aus
Ihnen als eine „Überladung". Modeschmuck muß von hoher Qualität
sein, sonst wirkt der Sommertyp
schnell „billig". An Metallen eignen sich alle silberfarbenen wie
Silber, Weißgold, aber auch
Platin oder mattes Gelbgold.
Bei Steinen orientieren Sie
sich bitte an Ihren geeigneten Farbtönen (siehe
auch Seite 46).

**Typisch Sommer:
romantisch verträumte
Eleganz, die blaustichigen,
kühlen Farbnuancen
Ton in Ton aufeinander
abgestimmt. Ein Chiffon-
schal, in dem Bewegung
und Wind spielen,
durchbricht die ordentlich-
strenge Linie des übrigen
Outfits. Das dezente
Make-up in den Farben
der Kleidung rundet den
Gesamteindruck harmo-
nisch ab, ohne aufdring-
lich zu wirken.**

Der Herbsttyp

Die Natur des Herbstes

Ergab der Test, daß Sie ein Herbsttyp sind? Dann treffen wahrscheinlich die folgenden Beschreibungen
auf Sie zu.

Der Herbst ist die Zeit der Ernte und Vorsorge für den Winter. Mensch und Natur
bereiten sich darauf vor, daß das Jahr zu
Ende geht. Am Beginn stehen schöne
Tage, zu seinem Ende hin wird er immer
unwirtlicher.

Der Herbstmensch ist gesellig und kontaktfreudig. Er ißt gerne gut und neigt oftmals zu runden, wohlgeformten Körperproportionen. Kennzeichnend für alle
Herbsttypen ist ihre herzliche und mütterlich bzw. väterlich fürsorgende Art.

Herbstmenschen sind emsige Arbeiter. Sie
legen viel Wert auf Tradition und das Bewahren des einmal Erreichten. Wie kein
anderer Jahreszeitentyp können sie miesmuffelig und schlecht gelaunt sein – gerade so wie der düstere November.

Geeignete Farbtöne

Die typgerechten Farbtöne für Sie sind
gelbstichtig bis golden, warm, bunt,
erdig, vollmundig und kräftig – gerade so
wie der Herbstwald. (Bitte schauen Sie
sich dazu auch die Seiten 46–49 an sowie
das Kapitel ab Seite 96.) Diese Farbtöne
unterstreichen Ihren Typ, stehen im Einklang mit Ihrem Wesen.

Passender Stil

Der Herbsttyp ist eher traditionell veranlagt. So passen auch entsprechende Stile
zu ihm (zum Beispiel Trachten). Er sollte
sich nicht zu „flippig" kleiden, sondern
eher gediegen. Farben und Formen kann
er ruhig vollmundig ausleben, allerdings
ohne daß es chaotisch wirkt. Der Herbst

wald in seiner bunten Vielfalt darf sich
im übertragenen Sinne ruhig in seinem
Outfit widerspiegeln.

Bevorzugte Stoffe

Als Herbsttyp können Sie gut folgende
Stoffe tragen: Seide, Wolle, Baumwolle,
Leinen, vor allem Samt, Tweed, Cord,
Brokat, Velours, Bouclé, Flanell, Rohseide, Wildseide, Fischgrät, aber auch
Leder und Fell. Welche anderen Seidenarten sich außerdem gut für Sie eignen,
lesen Sie auf den Seiten 50/51.

Vorteilhafte Muster

Nicht nur die richtige Farbwahl, sondern
auch die Art der Musterung ist für die
Wirkung entscheidend. Wie der Frühlingstyp kann auch der Herbstmensch „in
die Vollen" greifen: Farben- und Formenvielfalt unterstreichen seinen Typ. Allerdings sollte er auf Harmonie und Ausgewogenheit achten. Ihn kleiden weiche,
runde Muster, die großzügig gestaltet
sind und konkrete Motive aus Wald, Feld
und Küche zeigen. Auch kleine, in sich
gemusterte Stoffe passen gut zu Ihnen
sowie rustikale Webmuster wie zum Beispiel Tweed.

Schmuck
und Accessoires

Mit beidem darf der Herbsttyp ruhig verschwenderisch umgehen. Sehr gut stehen Ihnen Naturmaterialien; Modeschmuck aus Plastik dagegen sollten Sie meiden. Gelbgoldene Metalle unterstützen den Farbton Ihrer Haut. Ein sehr schöner Schmuckstein für den Herbsttyp ist Bernstein. Ansonsten orientieren Sie sich bei Schmucksteinen bitte an Ihrer Farbpalette (siehe auch Seite 46).

**Typisch Herbst:
Die Ausstrahlung femininer Wärme wird durch die kräftigen, warmen Farbtöne des Herbstwaldes unterstrichen. An Make-up darf die Herbstfrau ruhig sparen – zuviel wirkt „papageienhaft". Eine leichte Betonung von Mund und Augen reicht aus, um den Blick des Betrachters auf die herbstliche Schönheit zu lenken.**

Der Wintertyp

Die Natur des Winters

Sind Sie nach dem Testergebnis ein Wintertyp? Dann treffen wahrscheinlich die folgenden Beschreibungen auf Sie zu.

Klar, kontrastreich, konzentriert, eisig oder in einem undefinierbaren, dunklen Grau-in-Grau zeigt sich der Winter. Alle Kräfte und Säfte sind nach innen in die Wurzeln zurückgezogen, die Natur scheint mitten im Winter wie tot.

Der Wintertyp ist ebenso klar und kontrastreich. Er zeigt sich entweder in sich gekehrt oder sehr gesellig – auffallend sind an seinem Wesen die Extreme, die oft unvereinbar scheinen. Doch akzeptiert man ihn so, wie er ist, dann kann man gut mit ihm auskommen. Sein Verhalten folgt meist eher rationalen Gesetzen, er ist in der Regel zuverlässig und deshalb durchschaubar.

Geeignete Farbtöne

Farbtöne, die die Natur des Wintertyps unterstreichen, sind wie der Winter: klar, kalt, blaustichig, eisig, leuchtend, knallig, kontrastreich und künstlich (zum Beispiel Zitronengelb oder Neongrün).

Auch die unbunten Farben Schwarz und Weiß kleiden den Wintertyp gut, ebenso dunkle Grau-in-Grau-Kombinationen. (Bitte schauen Sie sich dazu auch die Seiten 46–49 an sowie das Kapitel ab Seite 110.) Diese Farbtöne unterstreichen Ihren Typ, stehen im Einklang mit Ihrem Wesen.

Passender Stil

Die natürliche Extravaganz des Wintertyps und sein Hang zum Extremen darf sich ruhig auch im Stil seines Outfits zeigen. Klare Kontraste, etwas Supermodisches oder schon Antiquiertes kleiden ihn gut.

Bevorzugte Stoffe

Als Wintertyp können Sie gut folgende Stoffe tragen: Seide, Baumwolle, Wolle, feines Leder, Leinen, Viskose und Kunstfasern (einige der Farben, die zum Wintertyp gehören, lassen sich auf Naturfasern nicht erzielen). Welche Seidenarten sich besonders gut für Sie eignen, lesen Sie auf den Seiten 50/51.

Vorteilhafte Muster

Nicht nur die Farbwahl, sondern auch die Musterung spielt bei der Wirkung der Kleidung eine große Rolle. Wie beim Sommertyp ist auch hier Vorsicht geboten, denn nicht alle

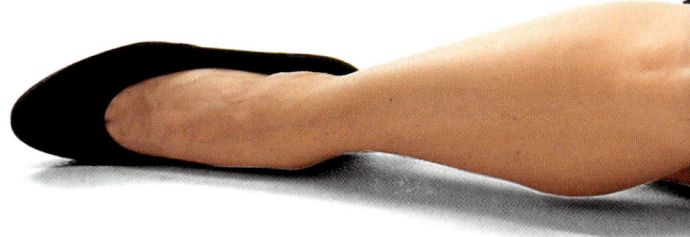

Muster sind ideal. Den Wintertyp unterstützen (ganz im Gegensatz zum Sommertyp) kontrastreiche, großflächige, abstrakte Muster mit scharf abgegrenzten Linien. Auch ihm steht unifarbene Kleidung gut, kombiniert mit kräftigen Farben als Gegenpol, beispielsweise in Form von Accessoires (etwa ein dunkelblauer Hosenanzug, dazu ein Seidenschal in Knallpink und Stahlblau).

Schmuck und Accessoires

Dabei dürfen Sie Ihren Hang zur Extravaganz ungehemmt ausleben. Zu Ihnen passen große, auffallende Stücke. Beim Schmuck sollten Sie silbrige Metalle bevorzugen. Platin und Modeschmuck mit Straß kleiden Sie ebenfalls gut. Bunte Edelsteine in den klaren Farben der Winterpalette (siehe Seite 46) entsprechen Ihrem Stil.

Extravagant und geheimnisvoll, ausdrucksstark und voller Gegensätze – in der richtigen Kleidung kommt die Natur der Winterfrau am besten zur Geltung. Klare kalte Farben unterstreichen ihre Persönlichkeit. In dem ihr eigenen Stolz zeigt sie den schön gestalteten Seidenschal. Make-up und Schmuck dürfen ruhig auffallen, wenn die richtigen Farbtöne gewählt werden.

TYPGERECHTE SEIDENMALEREI – SCHRITT FÜR SCHRITT

Auf den folgenden Seiten erfahren Sie, welche Entscheidungsstufen zu durchlaufen sind, wenn Sie ein typgerechtes Accessoire gestalten wollen. Wir zeigen Ihnen das anhand von vier Tüchern, die Sie am besten selbst einmal Schritt für Schritt nacharbeiten.

Erster Schritt:
Ihre Farbpalette

Typgerechte Farben

Wissen Sie, welcher Jahreszeitentyp Sie sind? Haben Sie die Tests von Seite 23 bis 35 gemacht? Oder wurde bei Ihnen schon eine Typberatung durchgeführt?

Die Kenntnis Ihres Jahreszeitentyps sollte auf jeden Fall am Anfang stehen, bevor Sie die Farben für ein geplantes Accessoire auswählen. Machen Sie sich jedesmal bewußt, welche Nuancen Ihnen grundsätzlich am besten stehen. Auch wenn das bereits schon einmal anklang: Hier folgt nochmals eine Beschreibung der typgerechten Farbtöne in der Gegenüberstellung. Wichtig ist vor allem, daß Sie kalte Nuancen (Sommer und Winter) von den warmen (Frühling und Herbst) unterscheiden lernen.

Frühlingsfarben

Frühling

Die Farbtöne des Frühlings sind: gelbstichig, warm, bunt, klar, frisch und nicht zu kräftig, es sei denn, es handelt sich um Aquamarin oder Apfelgrün.

Sommer

Die Farbtöne des Sommers sind: blaustichig, kühl, überpudert, silbrig-grau, leicht vernebelt, gedeckt, eher pastellig als kräftig.

Herbst

Die Farbtöne des Herbstes sind: gelbstichig bis golden, warm, bunt, erdig, vollmundig und kräftig.

Winter

Die Farbtöne des Winters sind: klar, kalt, blaustichig, leuchtend, knallig, kontrastreich oder künstlich (zum Beispiel Neongrün), aber auch eisig und zart-pastellig oder „unbunt" (Weiß, Grau, Schwarz).

Farbmustertücher

Sie sehen hier vier Farbmustertücher – jeweils eines für jede Jahreszeit. Sie wurden aus einem größeren Seidenmalfarbsortiment hergestellt, mit Dampffixierfarben unterschiedlicher Hersteller. Diese „Paletten" beanspruchen nicht, vollständig zu sein – es gibt so viele unterschiedliche Farbtöne, daß man wohl nie jeden geeigneten einfangen kann. Trotzdem verdeutlichen die Tücher die bereits beschriebenen Prinzipien der typischen Farbtöne.

Wir empfehlen Ihnen, sich von Ihrem eigenen Seidenfarbensortiment, passend für Ihre Jahreszeit, ein ähnliches Mustertuch anzulegen. Noch interessanter ist es, wenn man tatsächlich für jede Jahreszeit eines herstellt, denn Sie wollen ja vielleicht auch einmal Accessoires für andere „Typen" gestalten. Ihr Farbempfinden schult diese Übung allemal.

Unterteilen Sie die Seide mit Gutta, und tragen Sie die Farbkonzentrate pur, im Verhältnis 1:1 oder 1:8 aufgehellt auf (am besten mit der Pipette tropfenweise verdünnen). Notieren Sie sofort auf einem Blatt Papier mit derselben karierten Aufteilung, welche Farben und Verdünnungen Sie wo aufgetragen haben. Sie können auch direkt auf die Seide schreiben. (Wichtig: Wenn Sie Mischtöne verwenden, sollten Sie auch hier das genaue Mischungsverhältnis festhalten.)

Sie werden feststellen, daß die meisten pur aufgetragenen Farbkonzentrate zur Herbst- oder Winterpalette gehören, die aufgehellten Töne eher zur Frühlings- oder Sommerpalette (sieht man einmal von den hellen Eisfarben des Winters ab). Beachten Sie bitte, daß Sie keine zu dünne Seide für diese Farbproben verwenden, sonst geraten kräftige Farben nicht intensiv genug, wenn ein heller Untergrund durchscheint. Bei hellen Farben stört ein dunkler Untergrund.

Winterfarben

Sommerfarben

Herbstfarben

Zweiter Schritt: Farbzusammenstellung

Die typgerechte Auswahl

Während die Farbmustertücher (siehe Seiten 46/47) die Grundlage für alle Accessoires bilden, sozusagen die Ausgangsbasis, werden die Pläne für die einzelnen Tücher nun konkreter.

Zwar hat man oft schon ein bestimmtes Muster im Kopf, manchmal regt auch eine besondere Seide zu einem Werk an – doch sehr häufig entwickelt man eine Idee von einem bestimmten Farbklang, der zum Beispiel zu einer vorhandenen Jacke oder Bluse passen soll. Deshalb stellen wir die Farbauswahl an die zweite Stelle.

Anzahl der Farben und Kontraste

Die vier Beispiele zeigen, wie auch die Farbzusammenstellung die typgerechte Wirkung einer Malerei beeinflussen kann.

Farbauswahl für ein Sommertuch

Farbauswahl für ein Frühlingstuch

Frühling

Für das Frühlingstuch von Seite 55 haben wir gleich sechs typische Gelb- und Grüntöne ausgesucht, denn das Tuch darf durchaus bunt, ungeordnet und auch etwas unruhig wirken. Bei der Kleidung zu diesem Tuch kann die Frühlingsfrau aus ihrer Palette wählen, was ihr Herz begehrt. Sie braucht keinesfalls in den gleichen Farben zu bleiben, Buntheit paßt gut zum Frühlingstyp.

Die Farben für das Frühlingstuch:
1. Schjerning's Royal: Moosgrün (28), 1:8 verdünnt,
2. Silkolor (I. Heigl): Apfelgrün (41),
3. Silkolor: Tang (47),
4. Silkolor: Goldgelb (02), 1:8 verdünnt,
5. Silkolor: Goldgelb (02), 1:1 verdünnt,
6. Awiseta Artasan: Mirabella (002).

Sommer

Für das Sommertuch von Seite 57 haben wir nur vier Farben gewählt. Die drei Blau- und Violettöne sollen auf dem fertigen Tuch optisch ineinanderfließen, das Grün ist lediglich als frischer Farbtupfer im Gesamtarrangement gedacht. Solch eine enge, nicht zu bunte, eher kontrastarme Farbauswahl ist für den Sommertyp ideal. Auch bei der Kleidung zu diesem Tuch sollte die Sommerfrau keine vierte Farbe hinzunehmen, sondern einen Blau- oder Violetton aus dem Tuch wählen.

Die Farben für das Sommertuch:
1. Marabu-SilkArt: Krokus (89),
2. Tobasign (Stewa Hobby KG): Violett (05), 1:1 verdünnt,
3. Tobasign: Azur (17), 1:1 verdünnt,
4. Waco soie (H. Wagner): Farngrün (020), 1:1 verdünnt.

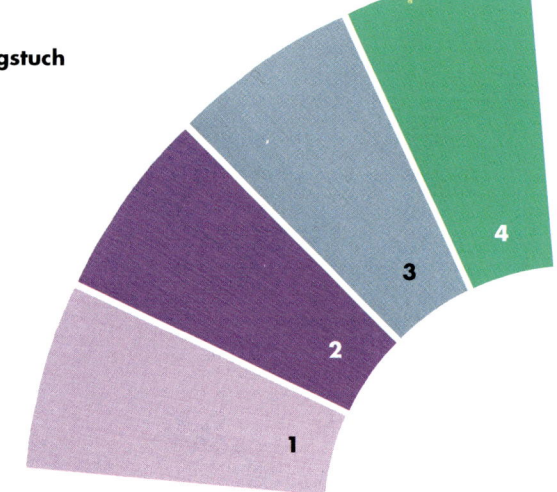

Herbst

Die Auswahl der acht Farben für das Herbsttuch von Seite 59 ist so üppig wie der Herbstwald. Rot, verschiedene Grüntöne und das erdige Braun ergeben eine bunte, kontrastreiche Farbharmonie. Auch die Herbstfrau kann wie die Frühlingsfrau Kleidungsfarben nach Lust und Laune dazu wählen. Toll würde sicher ein senffarbenes Trachtenkleid dazu aussehen.

Die Farben für das Herbsttuch:
1. Tobasign (Stewa Hobby KG): Mohnrot (02),
2. Tobasign: Mohnrot (02), 1:1 verdünnt,
3. Silkolor (I. Heigl): Senf (41),
4. Silkolor: Kokos (44),
5. Tobasign: Moosgrün (19),
6. Tobasign: Grün (11), 1:1 verdünnt,
7. Tobasign: Smaragdgrün (18), 1:1 verdünnt,
8. Tobasign: Tannengrün (20).

Winter

Auch für das Wintertuch von Seite 61 wurden kontrastreiche Farben in mehreren Nuancen ausgewählt. Die Grundtöne sind Rot, Blau und Grün, und zwar in kräftigen, teils grellen Varianten. Ein Tuch in solch einer Farbzusammenstellung, vielleicht zu einem schwarzen Samtoverall getragen, ist ideal, um die Winterfrau optimal zur Geltung zu bringen.

Die Farben für das Wintertuch:
1. Tobasign (Stewa Hobby KG): Bordeaux (04),
2. Silkolor (I. Heigl): Rubinrot (06),
3. Marabu-SilkArt: Magenta (014),
4. Marabu-SilkArt: Azalee (241),
5. Waco soie (H. Wagner): Lila (012),
6. Princecolor (R. Leprince): Ultramarinblau/Pensée (30),
7. Tobasign: Brillantblau (07),
8. Waco soie: Farngrün (020),
9. Princecolor: Mittelgrün/ Vert moyen (38).

Farbauswahl für ein Herbsttuch

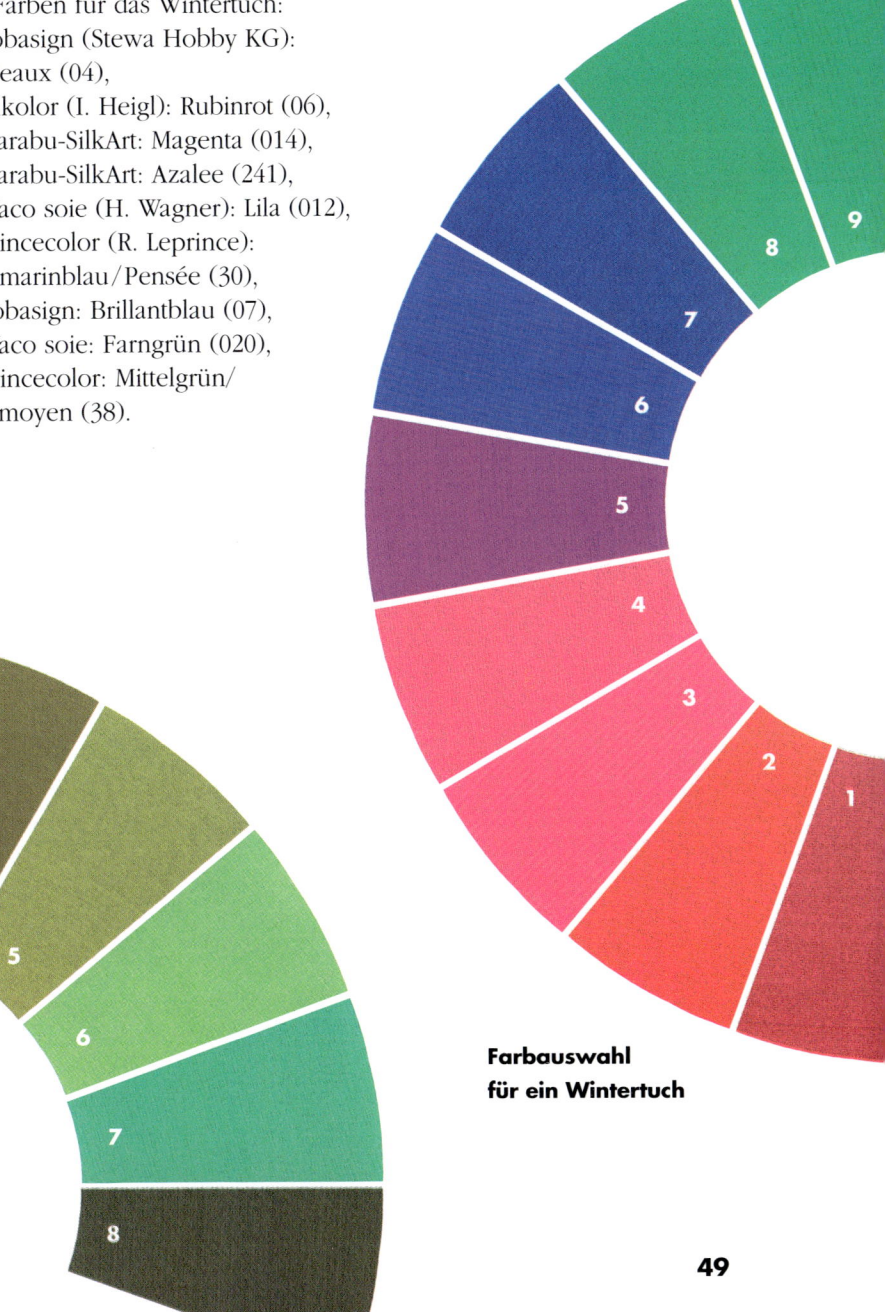

Farbauswahl für ein Wintertuch

Pongé 06

Taffeta

China-Habutai

Chiffon

Crinkle Chiffon

Satinstreifen-Chiffon, schmal

Satinstreifen-Chiffon, breit

Satinstreifen mit Goldfäden

Dritter Schritt:
Auswahl der Seide

Seide für jeden Typ

Auf dem Weg zum typgerechten Accessoire ist die Wahl des geeigneten Malgrundes unerläßlich, er beeinflußt die Wirkung des Objektes schließlich ganz wesentlich.

Natürlich ist Seide als hochwertiges, edles Material für jeden der vier Jahreszeitentypen geeignet (man sagt auch, Seide ist „der Stoff, aus dem die Götter ihre Gewänder machen"). Allerdings wird dieser Rohstoff ja auf die verschiedensten Arten weiterverarbeitet, der Handel bietet Stoffe mit den unterschiedlichsten Eigenschaften an. Deshalb gibt es Seidenarten, die sich für bestimmte Typen besser eignen als für andere.

Es spielt für die Auswahl aber auch eine Rolle, welches Accessoire Sie aus dem Stoff machen wollen: Wildseide zum Beispiel ist für ein Tuch zu wenig fließend, eignet sich aber gut für eine Krawatte. Verstehen Sie die folgenden Hinweise und die Tabelle also bitte nur als grobe Empfehlung und nicht als starre Regelung, denn je nach Gestaltung der Malerei und Verwendungszweck kann der Stoff auch in den Hintergrund treten.

Frühling

Ergänzend zur Tabelle läßt sich sagen, daß zu Frühlingstypen besonders gut die leichten, verspielten Seidenarten passen, die sich kreativ drapieren lassen. Zu streng oder steif wirkende Stoffe sollten Sie meiden. Mit Goldfäden durchwirkte Seide ergänzt dagegen ideal Ihre Farbpalette.

Das Beispiel von Seite 55 wurde auf Pongé 05 gemalt.

Sommer

Als Sommertyp können Sie viele Seidenarten tragen, denn das Feine, Edle, Fließende und Glänzende paßt gut zu Ihnen. Meiden sollten Sie hingegen rustikal wirkende, schwere Qualitäten. Jacquardstoffe passen dann am besten zu Ihnen, wenn sie kleingemustert sind. Gut steht dem ordnungsliebenden Sommertyp auch Satinstreifen-Chiffon mit seiner klaren Struktur.

Für das Beispiel auf Seite 57 haben wir einen leichten Twill gewählt.

Herbst

Rustikale, schwere und gut zu drapierende Seiden unterstreichen den Herbsttyp ganz besonders. Zu seinen Farben passen auch gut golddurchwirkte Seidenqualitäten. Zu verspielt und leicht sollten die Stoffe also nicht sein.

Für das Beispieltuch von Seite 59 wählten wir Pongé 06, ein Rand aus Fransen soll die Lebendigkeit und Üppigkeit des Herbstes widerspiegeln.

Winter

Der Wintertyp kann fast alle Seidenstoffe tragen, die nicht zu verspielt oder rustikal sind. Gerade stark glänzende Oberflächen, edel und klar wirkende Seiden passen gut zu seinem Typ.

Für das Wintertuch von Seite 61 wählten wir Crêpe Satin.

Eine Auswahl typgerechter Seidenstoffe für Accessoires

Seidenart	Frühling	Sommer	Herbst	Winter
Pongé 06	■	■	■	■
Taffeta*			■	
China-Habutai		■		■
Chiffon	■	■		
Crinkle Chiffon		■		■
Satinstreifen-Chiffon, schmal		■		■
Satinstreifen-Chiffon, breit		■		■
Satinstreifen mit Goldfäden	■		■	
Twill*		■		■
Georgette		■	■	■
Crêpe de Chine	■	■	■	■
Crêpe Satin		■	■	■
Crêpe Satin Jacquard	■	■		■
Indisch Doupion Jacquard			■	
Bourette*			■	
Wildseide*			■	■

* Achtung: Dicht gewebte, feste Seidenarten wie Tafetta, Twill, Bourette und Wildseide eignen sich nur bedingt für Tücher und Schals; für Krawatten und Kleidung lassen sich diese Qualitäten aber durchaus verwenden.

Wildseide

Bourette

Indisch Doupion
Jacquard

Crêpe Satin
Jacquard

Crêpe Satin

Crêpe de Chine

Georgette

Twill

Vierter Schritt:
Muster und Motiv

Typgerechte Formen

Nachdem die Farbzusammenstellung gefunden und die Seide ausgewählt ist, geht es an die Planung des Musters oder Motivs. Schon auf den Seiten 36 bis 43 wurde ja auf die Gestaltungsformen hingewiesen, die zu jedem Typ am besten passen.

Vielfältige Möglichkeiten

Für unsere Beispieltücher haben wir das Thema Blume als Grundmotiv gewählt. Je nach Jahreszeitentyp soll es unterschiedlich umgesetzt werden. Skizzen helfen Ihnen, die Wirkung eines Musters rechtzeitig zu prüfen.

Frühling

Zum Frühlingstyp passen gut kleine, verspielte, kontrastreiche Muster (siehe auch Seite 36). Deshalb soll unser Frühlingstuch einerseits eine klare Grenze durch das innere Viereck erhalten, andererseits soll es von den Blüten frech durchbrochen werden – so wie die Zwiebelblumen die winterliche Eisdecke durchbrechen. Die Blüten sind bunt durcheinander über die Fläche gestreut, was dem Hang des Frühlingstyps zur kreativen Unordnung entspricht.

Sommer

Am vorteilhaftesten für Sommertypen sind nicht oder nur sehr dezent gemusterte Stoffe mit nur wenigen Kontrasten (siehe auch Seite 38). Auch Einzelmotive eignen sich gut, sofern sie nicht zu dominant sind. Deshalb haben wir uns hier für die Rose als Einzelmotiv entschieden. Diese Sommerblume – ihre Liebhaber bezeichnen sie als die Edelste aller Blumen – ist das Symbol des Sommertyps. Dieses Einzelmotiv soll in einer Ecke des Tuches plaziert und harmonisch in einen Farbverlauf eingebettet sein.

Skizze für ein Frühlingstuch

Herbst

Herbsttypen fühlen sich in üppigen, rund-
lichen, weichen Mustern wohl. Zu ihnen
paßt die Vielfalt der Formen, wie sie auch
in der Natur im Herbst anzutreffen sind
(siehe auch Seite 40). Entsprechend soll
unser Beispieltuch gestaltet werden. Das
Blumenmotiv wird durch Blätter ergänzt,
die einen Großteil der Fläche füllen und
(zusammen mit dem Fransenrand) für Lebendigkeit und die herbsttypische Vielfalt
sorgen.

Winter

In großflächigen, kontrastreichen und abstrakten Mustern (siehe Seite 42) kommt
der Wintertyp am besten zur Geltung.
Deshalb soll unser Wintertuch eine stili-
sierte Blume zeigen, eingefaßt in geo-
metrische Muster. Im Winter sind Blüten
und Blumen rar, eine weiße Christrose
fällt im Schnee kaum auf. Zusammen mit
den gewählten kalten Winterfarben (siehe
Seite 49) soll diese Blume unwirklich,
künstlich, ja sogar futuristisch wirken.

**Skizzen für ein Sommertuch (links),
ein Herbsttuch (rechts) und ein
Wintertuch (oben)**

Fünfter Schritt: Das Malen

Frühlingstuch

Die vorigen Seiten zeigten, welche Vorüberlegungen auf dem Weg zum typgerechten Accessoire sinnvoll sind. Nachdem wir uns auch Gedanken über die Farbzusammenstellung unseres Beispieltuches, über die Seide und das Muster gemacht haben, geht es nun an die Ausgestaltung des Werkes, an die Malerei selbst.

Geeignete Maltechniken

Weil der Frühlingstyp meistens ein kreativer Mensch ist und auch verspielte, freche Muster gut zu ihm passen, gibt es eigentlich keine Maltechnik, die für ihn ungeeignet wäre. Gehen Sie also spielerisch mit allen Malverfahren um, und kombinieren Sie ruhig auch mehrere Techniken miteinander. Mit den kleinen Abbildungen möchten wir Ihnen einige typgerechte Anregungen geben.

Eine Auswahl geeigneter Techniken für den Frühlingstyp:
1: Naß-in-Trocken-Technik und Kreide
2 und 3: Naß-in-Trocken-Technik und verdickte Farbe im Liner
4: Kreide und Fließ-Aquarell-Technik
5: Naß-in-Trocken-Technik mit Pinsel und verdickter Farbe im Liner

Die Ausführung – Schritt für Schritt

Nachdem Sie eine Reihe von Entscheidungshilfen für die Gestaltung eines typgerechten Frühlingstuches kennengelernt haben, sollten Sie zum Abschluß das gezeigte Beispiel tatsächlich einmal nacharbeiten. Der Vorlagebogen und die folgende stichpunktartige Anleitung helfen Ihnen dabei.

1. Die aufgespannte Seide in der Naß-in-Naß-Technik grundieren, dazu Moosgrün (Schjerning's Royal 28) unverdünnt und Goldgelb (Silkolor 02), 1:8 verdünnt, auftragen.

2. Für die Blütenmitten viele Kreise in Orange aufmalen (Jaxon Stoffmalkreide).

3. Die Blütenblätter in der Naß-in-Trocken-Technik auftragen. Als Hilfsmittel einen Fön nehmen, damit die Farbe nicht auseinanderläuft. Die hierfür verwendeten Farben: Mirabelle, unverdünnt (Awiseta 002) und Goldgelb (Silkolor 02), 1:1 verdünnt.

4. Das Innenquadrat mit Hilfe eines Lineals mit farbloser, wasserlöslicher Gutta abgrenzen. Mit derselben Gutta die Blütenblätter, die außerhalb dieser Fläche liegen, konturieren.

5. Den Rand in der Naß-in-Trocken-Technik gestalten, wieder mit dem Fön als Hilfsmittel. Dabei auf bewegte Linien und eine interessante Randbildung achten. Die hierfür verwendeten Farben: Tang (Silkolor 47) und Apfelgrün (Silkolor 31), beide unverdünnt, und Goldgelb (Silkolor 02), 1:8 verdünnt.

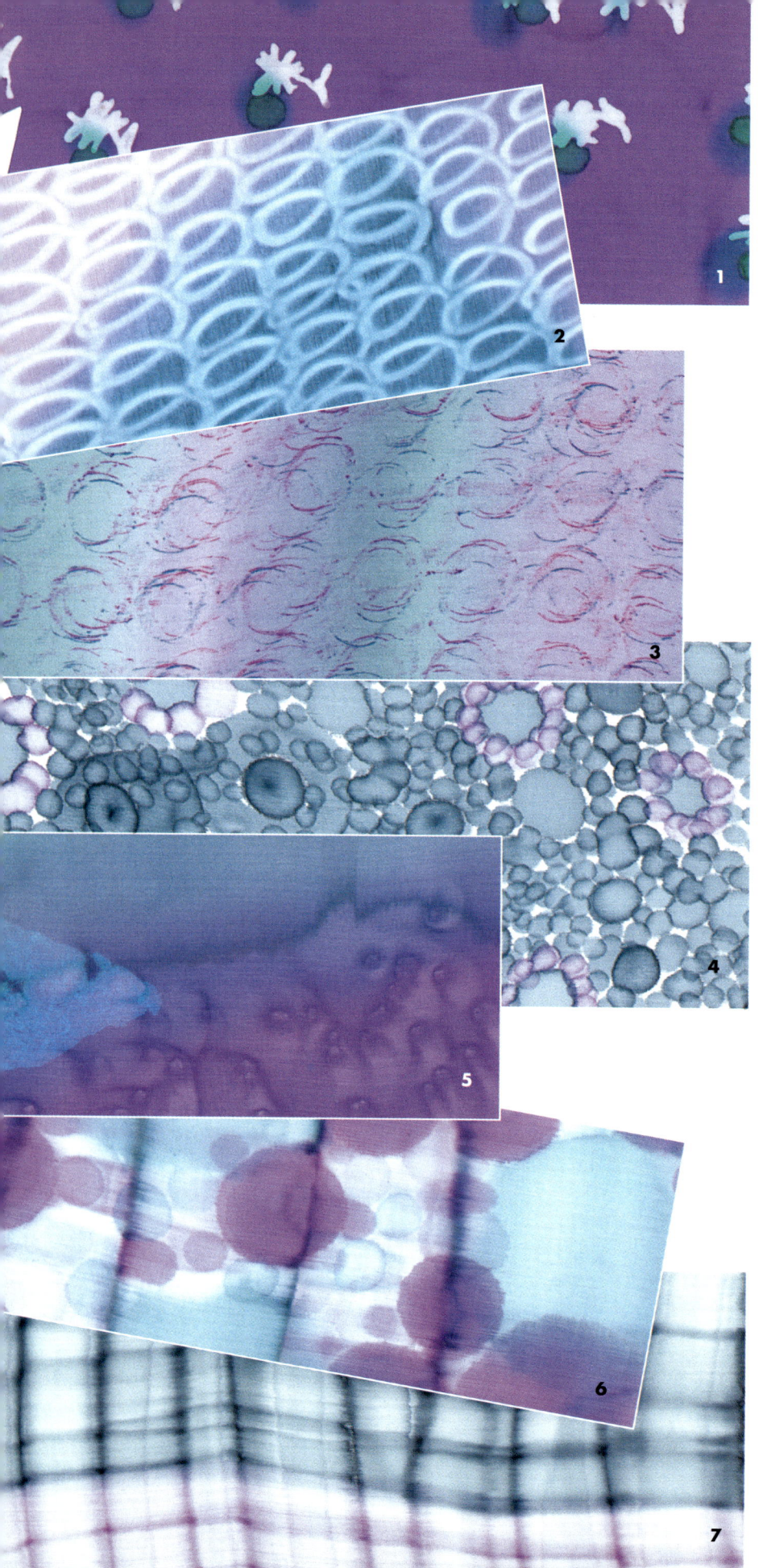

Sommertuch

Auf den Seiten 46 bis 53 haben wir Sie mit einigen Entscheidungshilfen vertraut gemacht, die die typgerechte Seidenmalerei allgemein, aber auch speziell unser Beispieltuch für den Sommer betreffen. Jetzt widmen wir uns der Ausführung unserer Pläne, nachdem die Farbauswahl, die Seide und die Motividee feststehen.

Geeignete Maltechniken

Wenn Sie ein Sommeraccessoire gestalten, sollten Sie Ihre Malweise auf die Art der typgerechten Musterung abstimmen. Speziell beim Sommertyp – der keine großen, unruhigen und kontrastreichen Muster verträgt – sollten Sie die Maltechniken so einsetzen, daß eher kleine Strukturen oder weiche Farbverläufe und verschwommene Formen entstehen.

Ein Techniktip zum Erstellen von typgerechten Sommertüchern, -schals und -krawatten, unabhängig von Mustern und Farben: Wünschen Sie einen „Weichzeichner-Effekt", streichen Sie mit einem Wasserpinsel oder mit in Wasser getränkter Watte über die gesamte Fläche, um scharfe Konturen aufzulösen.

Einige Anregungen, besonders für die Naß-in-Naß-Technik, geben auch die kleinen Abbildungen.

Eine Auswahl geeigneter Techniken für den Sommertyp:
1: Farbloser Verdicker im Liner als Reservierung, ausgemalter Fond mit Tupfen
2: Naß-in-Naß-Grundierung, Musterung mit farblosem Verdicker im Liner auf der noch nassen Seide
3: Frottage (Durchreibetechnik) auf aquarelliertem, trockenem Untergrund
4: Naß-in-Trocken-Technik
5: Salztechnik auf aquarelliertem Untergrund
6 und 7: Naß-in-Naß-Technik

Die Ausführung – Schritt für Schritt

Unser Vorschlag: Um sich in eine geeignete, sommertypgerechte Malweise einzufühlen, sollten Sie einmal das abgebildete Tuch nachmalen. Hier der Ablauf in kurzen Stichpunkten:

1. Das aufgespannte Tuch in Diagonalrichtung mit Farbverlauf grundieren. Die verwendeten Farben: Krokus (SilkArt 89) unverdünnt und Azur (Tobasign 17), 1:1 verdünnt. Dabei durchaus lebendige Linien erzeugen.

2. Die Rose in der Naß-in-Naß-Technik auf die noch feuchte Grundierung auftragen. Verwendete Farben: Violett (Tobasign 05) und Farngrün (Waco soie 020), beide 1:1 verdünnt.

Herbsttuch

Die meisten Entscheidungen für die Entstehung unseres Beispieltuches für den Herbsttyp wurden bereits auf den Seiten 46 bis 53 getroffen, also Farbwahl, Auswahl der Seide und des Motivs. Nun geht es an die praktische Ausarbeitung des Werkes.

Geeignete Maltechniken

So reichhaltig sich der Herbst als Jahreszeit in der Natur präsentiert, so vielfältig und phantasievoll darf generell auch gemalt werden. Das bedeutet: Nutzen Sie die Fülle der bekannten Maltechniken aus, so wie Sie das auch für den Frühlingstypen tun können. Achten Sie aber darauf, daß Sie nicht zu kleinteilig oder verschwommen arbeiten (das paßt besser zum Sommer), sondern daß Sie in den gewählten Techniken deutliche Formen darstellen.

Eine Auswahl geeigneter Techniken für den Herbsttyp:
1: Naß-in-Trocken-Technik, kombiniert mit Linien mit verdickter Farbe
2: Gutta-Technik
3: Musterung mit verdickter Farbe im Liner, auf die noch nasse Grundierung gezeichnet
4: Aquarell-Technik, naß in naß
5: Farbloser und eingefärbter Verdicker im Liner und Naß-in-Trocken-Technik
6: Malen mit verdickter Farbe, mit dem Pinsel aufgetragen
7: Konturentechnik mit verdickter Farbe im Liner

Die Ausführung – Schritt für Schritt

Damit Sie sich in eine der Gestaltungsmöglichkeiten für ein herbsttypisches Accessoire besser einfühlen lernen, empfehlen wir Ihnen, das gezeigte Tuch einmal nachzuarbeiten. Dazu helfen Ihnen der Vorlagebogen und die folgende stichwortartige Kurzanleitung.

1. Zunächst die Konturen des Randes und dann aller Blüten und Blätter mit eingefärbtem Verdicker im Liner ziehen. Für die innere und äußere Randlinie eventuell ein Lineal als Hilfsmittel nutzen. Die verwendete Farbe: Mohnrot (Tobasign 02), unverdünnt und 1:1 verdünnt, zusätzlich mit Verdicker gemischt.

2. Die Blüten im gleichen Farbton ausmalen, also pur und verdünnt, allerdings nicht verdickt.

3. Die Blätter in bunter Folge unterschiedlich gestalten, in den Farben Senf (Silkolor 41), Kokos (Silkolor 44) und Moosgrün (Tobasign 19), jeweils unverdünnt, sowie mit Grün (Tobasign 11), Smaragdgrün (Tobasign 18) und Tannengrün (Tobasign 20), jeweils 1:1 verdünnt.

4. Den inneren Hintergrund mit Mohnrot (Tobasign 02) ausmalen, 1:1 verdünnt, den roten Rand mit derselben, aber unverdünnten Farbe.

5. Für den schmalen Außenrand Moosgrün (Tobasign 19) wählen und mit derselben unverdünnten Farbe die Fransen einfärben und annähen.

Wintertuch

Auf den Seiten 46 bis 53 haben wir uns Schritt für Schritt dem Entwurf eines typgerechten Accessoires genähert, demonstriert an vier Tüchern. Nun soll das Wintertuch gestaltet werden: Die Farben, die Seide und das Motiv stehen schon fest.

Geeignete Maltechniken

Wer Accessoires für einen Wintertyp gestaltet, darf seiner Kreativität freien Lauf lassen. Jedoch sollte er bedenken, daß Techniken, die deutliche Abgrenzungen ermöglichen, für diesen Typ besonders ideal sind. Deshalb spielt hier sicher die Konturentechnik (mit Gutta oder verdickter Farbe) eine große Rolle. Das freie Aquarellieren und verschwommene Farbverläufe sollen eher im Hintergrund bleiben. Für den wintertypischen Kontrast sorgt auch die Schichttechnik in Verbindung mit abgrenzenden Mitteln (Gutta, Wachs), besonders wenn der letzte Farbauftrag schwarz ist. Die kleinen Abbildungen geben einige Anregungen für den wintertypischen Einsatz der verschiedenen Maltechniken.

**Eine Auswahl geeigneter Techniken
für den Wintertyp:**
1: Verdickte Farben
2: Schichttechnik mit farbiger Gutta
3: Konturen-Technik mit schwarzer Gutta
4: Konturentechnik mit Kreide
5: Konturentechnik mit farbloser Gutta
6 : Konturentechnik mit schwarzer Gutta

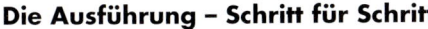
Die Ausführung – Schritt für Schritt

Das Beispieltuch für den Wintertyp entstand in der Konturentechnik. Wir empfehlen Ihnen – mit Hilfe des Vorlagebogens und der folgenden Kurzanleitung – auch dieses Tuch nachzuarbeiten.

1. Die Konturen mit verdickter schwarzer Seidenmalfarbe mit Hilfe eines Liners auf die aufgespannte Seide zeichnen.

2. Die Blüten mit Ultramarinblau ausmalen (Princecolor Pensée 30), dabei die Farbe zu einer Seite hin aufhellen, so daß ein Verlauf entsteht.

3. Die roten, geschwungenen Flächen gleichmäßig in folgenden unverdünnten Farben ausmalen: Bordeaux (Tobasign 04), Rubinrot (Silkolor 06), Magenta (SilkArt 014), Azalee (SilkArt 241) und Lila (Waco soie 012).

4. Die grünen Flächen mit Farngrün (Waco soie 020) sowie Mittelgrün (Princecolor Vert moyen 38) gestalten.

5. Den schmalen Außenrand und die Streifen zwischen den vier Feldern mit unverdünntem Brillantblau (Tobasign 07) ausmalen.

Tücher und Schals drapieren

Nicht nur die wohlüberlegte Gestaltung eines Accessoires (also Farben, Muster und Seidenart), beeinflussen seine Wirkung, sondern auch die Art, wie Sie es schließlich drapieren. Was läßt sich nicht alles mit einem Tuch oder Schal machen! Zu berücksichtigen ist dabei allerdings, zu welcher Kleidung und Gelegenheit Sie ein Accessoire tragen wollen. Auch ist wichtig, ob Ihre Seidenmalerei im Vordergrund stehen oder nur einen sehr dezenten Akzent zur Kleidung setzen soll. Die Art der Bemalung spielt ebenso eine Rolle, denn ein mit großflächigem, kontrastreichem Motiv gestaltetes Tuch stellt zum Beispiel andere Anforderungen an das Drapieren als eines, das mit einem gleichmäßigen Muster oder mit einem einfachen Farbverlauf bemalt ist.

Dennoch: Auch für das typgerechte Drapieren wollen wir Ihnen einige allgemeine Anhaltspunkte geben. Denn auch hierbei können Sie einerseits Ihren Jahreszeitentyp ungünstig beeinflussen, andererseits aber auch Ihre natürliche Ausstrahlung positiv zur Geltung bringen.

Frühling

Zum vielfältigen Charakter und häufig sehr phantasievollen Naturell des Frühlingstyps passen am besten Drapierungsvarianten, die seine Natur widerspiegeln. Arrangieren Sie Ihre Tücher und Schals also keinesfalls zu ordentlich, zu streng oder sehr symmetrisch, sondern eher locker, leicht, luftig, asymmetrisch, wie zufällig, bisweilen „flippig" oder bewußt „unordentlich" und spielerisch, um hier nur einige Stichpunkte zu nennen.

Das Tuch auf dem Foto links wurde zum Beispiel diagonal auf die Hälfte gefaltet und dann locker zum „Schal" zusammengelegt. Die Frühlingsfrau trägt es lässig und wie zufällig über die Schulter geworfen. Es ist an der Kleidung mit einem Ohrclip festgesteckt, genausogut eignet sich eine Brosche. Weitere ins Tuch gesteckte Schmuckstücke unterstützen den Fall der Seide und geben ihr gleichzeitig etwas Halt.

Sommer

Sommertypen haben zwar meist ein ausgeglichenes, fröhliches Naturell, doch neigen sie – im Gegensatz zum Frühlingstyp – eher zu Ordnung und strengeren Regeln. Entsprechend sollte auch die Drapierung eines Tuches oder Schals aussehen. Einige Stichpunkte: leicht und luftig, aber nicht zufällig wirkend, sondern eher ordentlich drapiert, gleichmäßigere Falten, korrekt und lieber symmetrisch als asymmetrisch.

Das Foto links zeigt als Beispiel eine praktische und dennoch leger wirkende Idee für kühle Tage. Dazu wird das Tuch zunächst ganz ausgebreitet. Dann wird es genau am Mittelpunkt aufgenommen, in diesen Zipfel binden Sie einen kleinen Knoten. Mit dem Knoten nach innen falten Sie es anschließend diagonal Eck auf Eck zusammen. Legen Sie es mit der Spitze nach vorn um den Hals (der Kno-

ten sitzt locker auf der Höhe des Kehl-
kopfes), überkreuzen es hinten und knoten die Enden vorne unter dem sich
bildenden Dreieck zusammen. Wie Sie
das Tuch schließlich in Form bringen,
bleibt Ihrer Kreativität überlassen.

Herbst

Herbsttypen mögen häufig das Üppige,
die Vielfalt der Formen und Farben, die
natürliche Buntheit dieser Jahreszeit, aber
auch das Erdige und Bodenständige. Passend dazu sollten auch Tücher und Schals
arrangiert sein. Das bedeutet: natürlich
fallend, locker, die Fülle des Stoffes prä-
sentierend, aber nicht „flippig", sondern
eher praktisch, bisweilen konventionell
im Arrangement.

Das Foto unten zeigt ein Beispiel: Das
Tuch wurde diagonal zusammengefaltet
und asymmetrisch um die Schultern gelegt. Eine Ecke ist nach hinten geworfen,
die andere hängt vorne. Eine Brosche
(oder ein Ohrclip) hält die Drapierung auf
Schlüsselbeinhöhe an der Kleidung fest.

Winter

Zum Wintertyp mit seinem häufig kontrastreichen, extravaganten Naturell, mit
seinem Hang zu Rationalität paßt am besten ein Tuch, das in eben dieser Weise
drapiert wird. Einige Stichworte: eine ge-
wisse Strenge, akkurate Falten, Symmetrie
und Geradlinigkeit.

Die Fotos rechts und unten zeigen zwei
Beispiele: Für die eher klassisch-strenge
Variante wird das Tuch diagonal gefaltet
und dann ordentlich zu einem schmalen
Schal gerollt. Er kommt unter den Kragen
und wird vorn mit einer Haarspange zu-
sammengehalten. Diese Art des Drapie-
rens eignet sich eher für eine zurückhal-
tende Malerei (fast) ohne Muster.

Das andere Beispiel ist ein elegant-lässi-
ger Vorschlag für eine aufwendigere Malerei: Hier ist das Tuch ordentlich in Falten gelegt und an der Schulter mit einer
Brosche festgesteckt. Dadurch können
die Falten im weiteren Verlauf locker aus-
einanderfallen und das Tuch großflächig
präsentieren.

**Ein eher klassisch-
strenger Vorschlag
für den Wintertyp,
geeignet für eine
Malerei (fast) ohne
Muster**

**Eine einfache und doch
wirkungsvolle Art, ein
Seidentuch zu tragen,
besonders geeignet für
aufwendigere Seiden-
malereien, wie sie der
Herbsttyp liebt**

**Für größer
gemusterte
Tücher eines
Wintertyps:
das Tuch ist
lässig-elegant
drapiert**

63

IDEEN FÜR DEN FRÜHLINGSTYP

Lassen Sie sich von den vorliegenden Kunstwerken inspirieren, in die Vielfalt und Buntheit des Frühlings einzutauchen. Ihrer Kreativität sind bei der Gestaltung von Frühlingsaccessoires keine Grenzen gesetzt – so spiegeln sich auch Phantasie und Ideenreichtum in den Arbeiten der verschiedenen Künstlerinnen wider.

Linienspiel

Mit der Naß-in-Naß-Grundierung und mit den mit einem Liner zügig aufgezeichneten Linien repräsentiert dieses Tuch aus Pongéseide das Chaotisch-Kreative des Frühlingstyps. Die Linien wurden mit verdicktem Rot und Grün gezogen, der lachsfarbene Rand zum Schluß mit dem Pinsel ausgemalt.

Verwendete Farben

Silkolor (I. Heigl):
Goldgelb (02)
Tobasign (Stewa Hobby KG):
Lachs (24),
Mohnrot (02)
Waco soie (H. Wagner):
Moosgrün (22)

Shahida

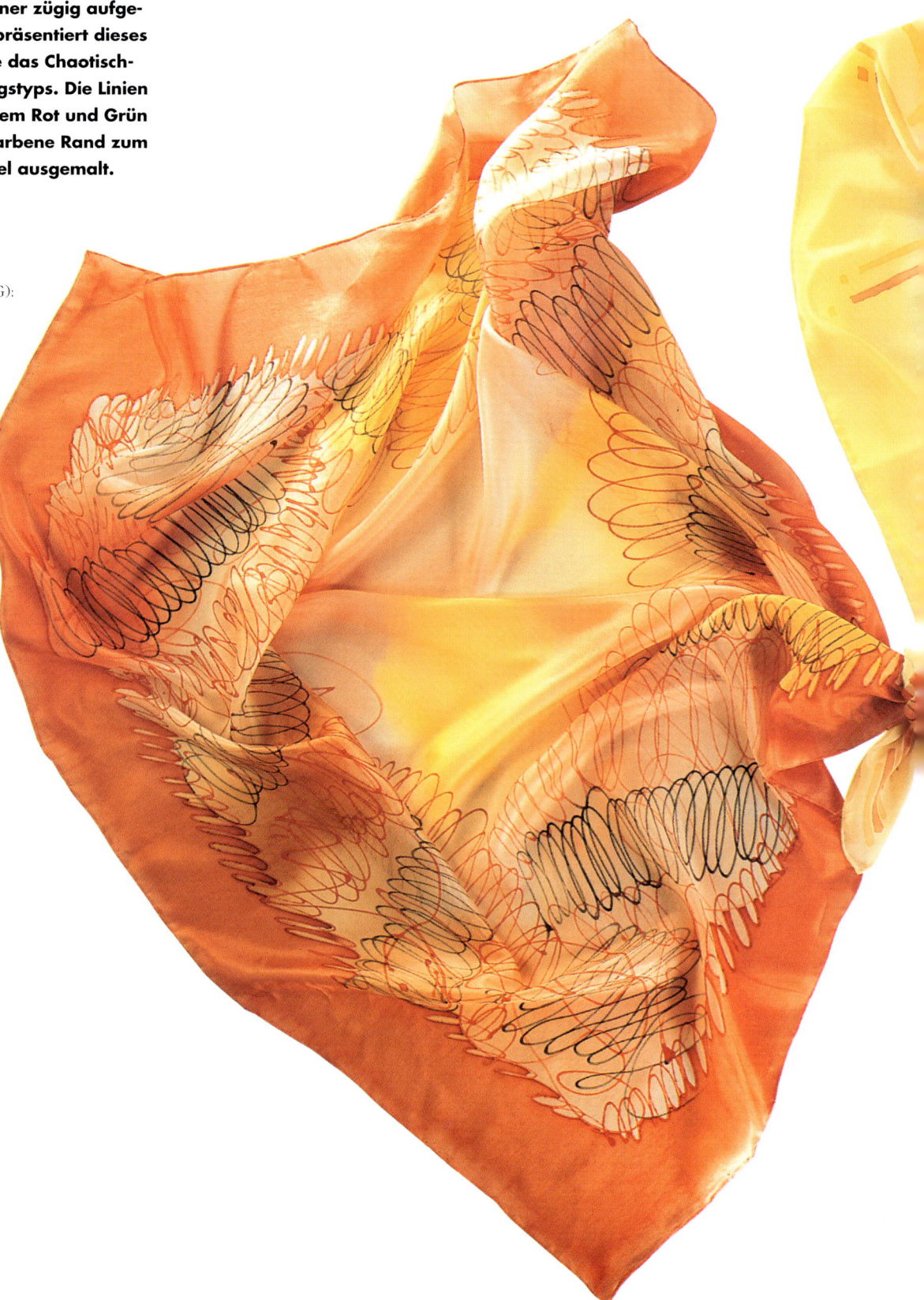

Mustermix

Das Muster für dieses Tuch aus Crêpe de Chine wurde mit farbloser Gutta auf die grundierte Seide gezeichnet und ausgemalt („versteckte" Gutta). Das Ergebnis mit den gelbstichigen Farben und dem Mustermix ist ein typisches Frühlingsdesign. Da es in sich recht dezent wirkt, sollte es mit einer Kleidung kombiniert werden, die sich farblich davon deutlich abhebt.

Verwendete Farben

Savoir Faire (Hobbidee):
Gelb (01),
Venus (23),
Kuba (36)

Gabi Mett

Blütentraum

Im Vergleich zum Plisseeschal rechts daneben wirkt der Schal aus Pongéseide ruhig und dezent. Das Muster- und Linienspiel, das durch die Auswaschtechnik erzeugt wird, betont die Zartheit des Frühlingstyps.

Verwendete Farben

Tobasign (Stewa Hobby KG):
Lachs (24),
Moosgrün (19)
Waco soie (H. Wagner):
Dunkelgelb (003)

Shahida

Männermode

Obwohl sich Frühlingsmänner meist durch Krawatten eingeengt fühlen, verlangen gesellschaftliche Regeln manchmal solch ein männliches Dekorationsstück. Diese Krawatte aus Crêpe de Chine, nur mit einem Farbverlauf gestaltet, ist dezent und trotzdem typisch. Übrigens: Auch für Frühlingsfrauen ist eine Krawatte ein reizvolles Accessoire.

Verwendete Farben

Waco soie (H. Wagner):
Moosgrün (022),
Mandarin (004)

Shahida

Regenbogen

Eine gelungene Idee für die phantasievolle Frühlingsfrau: Der Chiffonschal ist in einem einfachen Farbverlauf gestaltet und erhält seinen typischen Charakter nicht nur durch die Farbwahl, sondern auch durch die Plissierung und die bemalten Seidenschnüre, die zusammen mit dem abgebundenen Ende eine „Blüte" bilden. Das Plissieren geschieht nach dem Malen, Fixieren und kordelartigen Zusammendrehen der Seide, zum Beispiel in einem Schnellkochtopf (ca. eine Stunde).

Verwendete Farben

Dupont (Hobbidee):
Vanille (33 o. 704),
Beige (31 o. 702),
Karibik-/Gletscherblau (36 o. 707),
Eisblau (35 o. 706),
Helltürkis/Pistazie (38 o. 708)

Elfriede Möller

Naturimpressionen

Diese abstrakte Variation von Bäumen, Gärten und Feldern, mit großzügigen Pinselstrichen auf die Pongéseide aufgetragen, entspricht in der Art der Gestaltung der Phantasiefülle des Frühlingstyps. Als Hilfsmittel wurden hier Tapetenkleister (zum Verdicken der Farbe) und ein Borstenpinsel verwendet.

Verwendete Farben
Savoir Faire (Hobbidee):
Gelb (01),
Venus (23),
Kuba (36),
Minze (05),
Jade (04),
Marine (17)

Gabi Mett

Grafisches

Die Fliege links oben ist ein Accessoire für Frühlingsfrau und -mann gleichermaßen. Je pfiffiger in Form und Farbe, um so passender! Die Tupfen und Striche wurden mit verdicktem Türkis und Grün mit dem Pinsel aufgetragen, vor dem Ausmalen des Hintergrundes.

Verwendete Farben

Tobasign (Stewa Hobby KG):
Grün (11),
Türkis (09),
Brillantgelb (00),
Lachs (24)

Shahida

Klassisches

Chiffon, betont locker getragen, unterstreicht sowohl die Zartheit als auch die Bewegtheit des Frühlingstyps – fließt doch das Material bei jeder Bewegung sanft mit. Die Malerei ist bewußt abwechslungsreich gehalten: in den Grundfarben Blau, Gelb und Rot, zudem mit großen ruhigen Flächen, Streifen, Flecken und Tupfen.

Verwendete Farben

Silkolor (I. Heigl):
Orange (03),
Scharlach (04),
Beige (30),
Ciel (46),
Senf (41)

Shahida

72

Knitterlook

Ideal für das leicht flippige Outfit des Frühlingstyps sind die Plissee- und Knitteroptik. Bei diesem Tuch aus Pongéseide werden die für einen Frühlingstyp eher zu schweren Farben durch den Knitterlook wieder aufgehoben. Das mit verdickten und flüssigen Farben bemalte Tuch wird dazu zunächst wie gewohnt fixiert, danach kordelartig zusammengedreht und in heißem Dampf (Schnellkochtopf) behandelt.

Verwendete Farben

Silkolor (I. Heigl):
Apfelgrün (31),
Brillantgrün (21),
Tang (47),
Goldgelb (02),
Kokos (44)
Tobasign (Stewa Hobby KG):
Grün (11)
Schjerning's Royal:
Moosgrün (28)
Waco soie (H. Wagner):
Kiefer (019)

Shahida

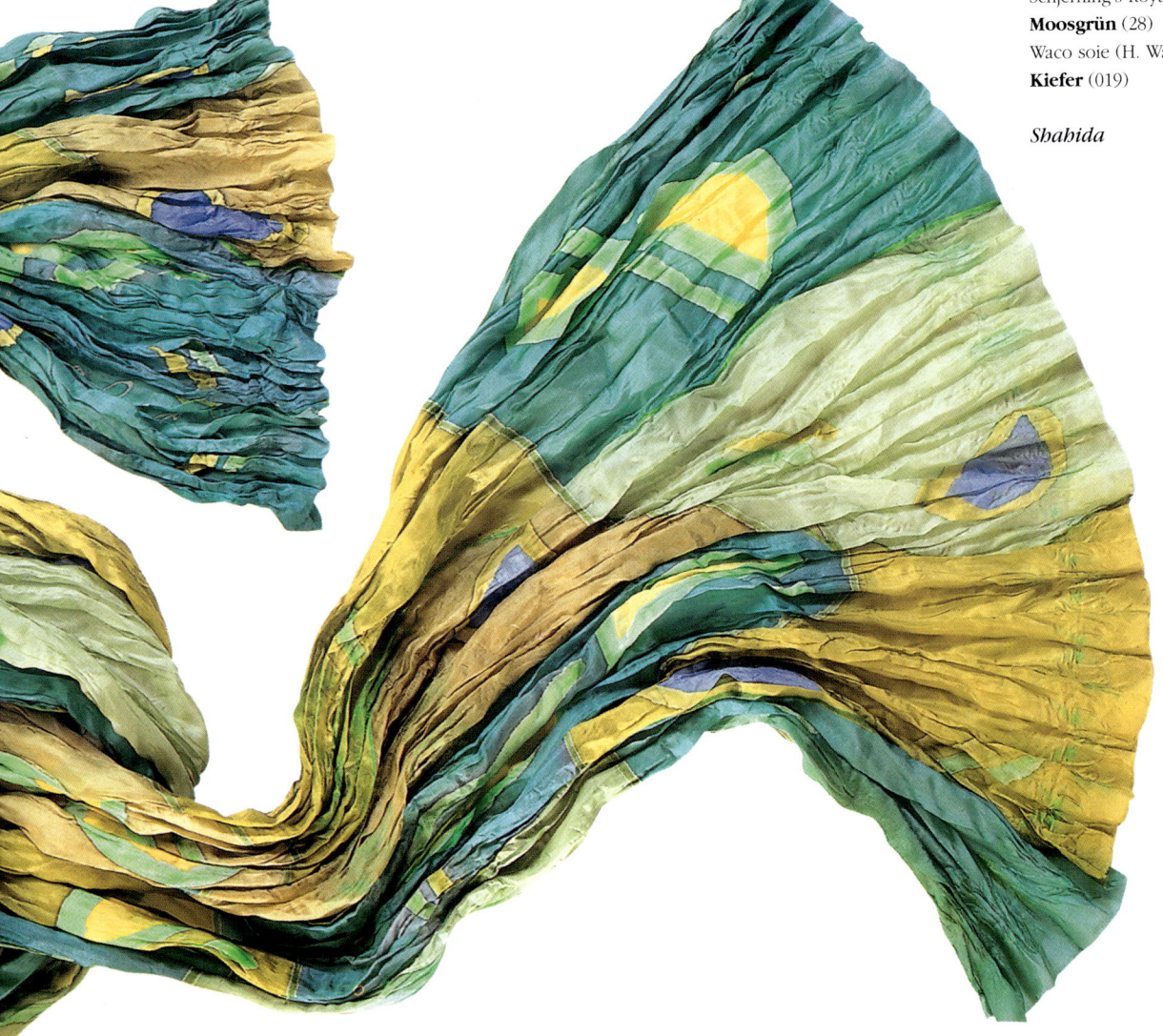

Frühlingserwachen

Das zarte Tuch aus Pongéseide, bemalt in der Naß-in-Trocken-Technik, unterstreicht die „Transparenz" hellhäutiger Frühlingstypen optimal.

Verwendete Farben

Silkolor (I. Heigl):
Goldgelb (02)
Waco soie (H. Wagner):
Maigrün (023)
Tobasign (Stewa Hobby KG):
Lachs (24),
Mohnrot (02),
Kupfer (15)
Schjerning's Royal:
Moosgrün (28)

Shahida

Farbenspiel in Rot

Kräftige Rottöne zeichnen den plissierten Schal aus Pongéseide aus. Die Gestaltung der Fläche mit verdickten Farben (mit Pinsel und Liner), in Kombination mit aquarellierten Bereichen, macht diesen Schal im Knitterlook zu einem interessanten Accessoire. Besonders dunkelhaarigen und -häutigen Frühlingsfrauen steht er gut zu Gesicht.

Verwendete Farben

Silkolor (I. Heigl):
Goldgelb (02),
Beige (30),
Brillantrot (05),
Scharlach (04)
Waco soie (H. Wagner):
Maigrün (023)
Tobasign (Stewa Hobby KG):
Lachs (24),
Mohnrot (02)

Shahida

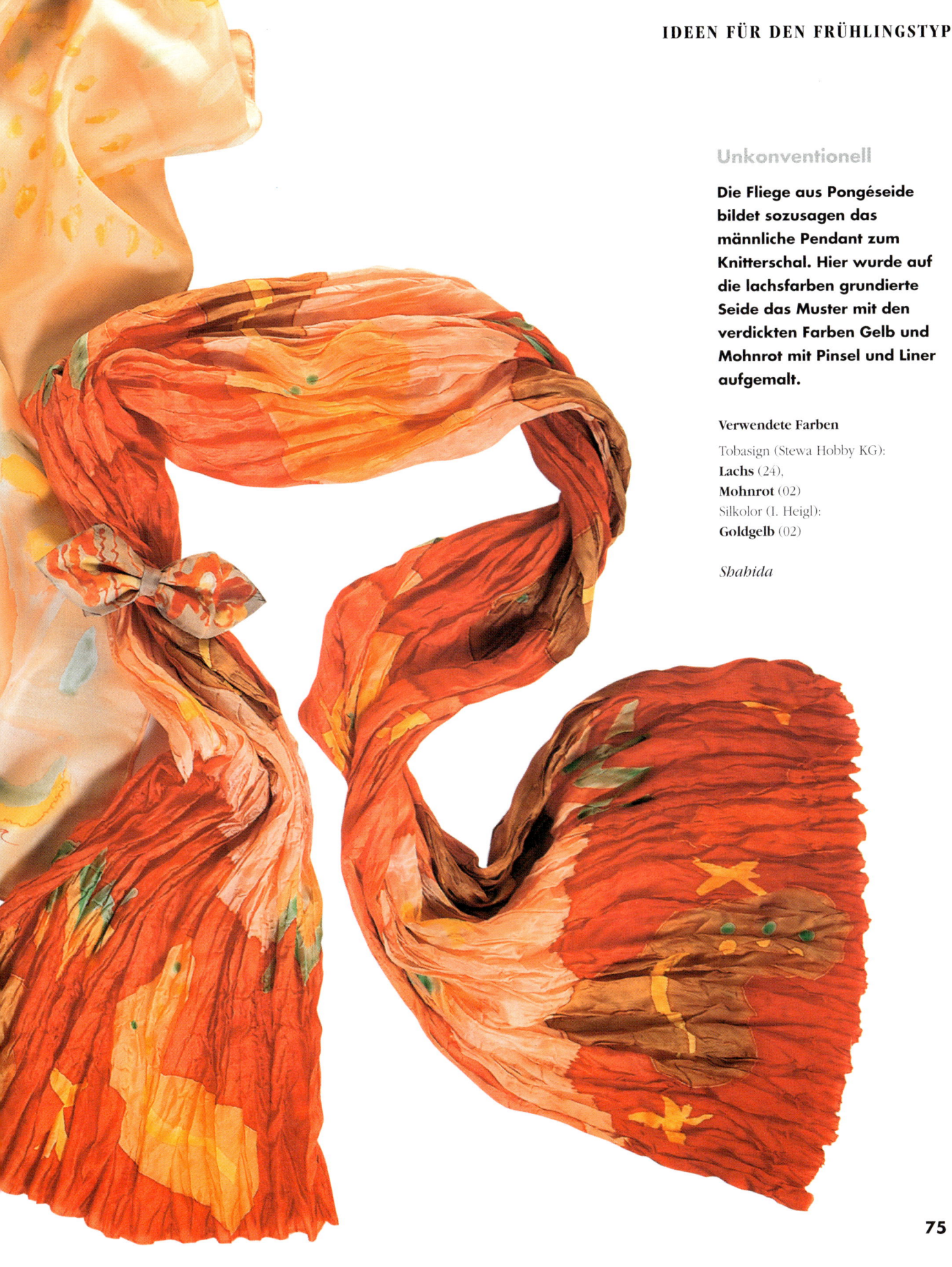

Unkonventionell

Die Fliege aus Pongéseide bildet sozusagen das männliche Pendant zum Knitterschal. Hier wurde auf die lachsfarben grundierte Seide das Muster mit den verdickten Farben Gelb und Mohnrot mit Pinsel und Liner aufgemalt.

Verwendete Farben

Tobasign (Stewa Hobby KG):
Lachs (24),
Mohnrot (02)
Silkolor (I. Heigl):
Goldgelb (02)

Shahida

Transparenz

Dieser Chiffonschal zeigt sehr schön eine Kombination der bunten Farben Blau, Gelb, Rot und Grün in frühlingstypischen, aufgehellten Nuancen. Das streifige Muster wurde mit farblosem Verdicker aufgetragen, anschließend erst der Hintergrund verschiedenfarbig ausgemalt.

Verwendete Farben

Tobasign (Stewa Hobby KG):
Mohnrot (02),
Kupfer (15),
Türkis (09)
Waco soie (H. Wagner):
Dunkelgelb (02)
Schjerning's Royal:
Moosgrün (28)

Shahida

Farbflamme

Diese pfiffige Krawatte aus Crêpe de Chine, ein Design in der Guttatechnik, schmückt jeden Frühlingsmann. Dazu ein unifarbener Anzug mit Hemd in den Grundfarben Lachs oder Gelb – und es vereinen sich Eleganz und Fröhlichkeit auf eine eigene Weise.

Verwendete Farben

Silkolor (I. Heigl):
Kupfer (07),
Brillantrot (05),
Goldgelb (02)

Shahida

Sonnenglanz

Diese Aquarellmalerei mit großem Haarpinsel auf Pongéseide zeigt eine sehr schöne, frühlingstypische Kombination von Blau- und Gelbtönen, wenngleich die Blautöne schon einen starken Hang zum Sommertyp aufweisen. Die wie gelbe Sonnenreflexe auf einer Wasserfläche wirkenden Farbflecken wurden zuerst aufgetragen und dann mit Türkis und Blau ummalt.

Verwendete Farben

Avantgarde (Javana):
Gelb (01),
Türkis (29),
Blau (04)

Gisela Knopff-Fäustlin

Frische

Fliegen stehen Frühlingsmännern am besten. Doch auch als Frühlingsfrau sollten Sie einmal ein solches Accessoire ausprobieren, zum Beispiel über einem Rolli oder sehr locker zu einem Shirt getragen. Diese Fliege aus Pongéseide wirkt durch die zarten Farbverläufe in bunten, hellen Tönen besonders frühlingshaft.

Verwendete Farben

Tobasign (Stewa Hobby KG):
Mohnrot (02),
Brillantgelb (00),
Türkis (09)

Shahida

IDEEN FÜR DEN SOMMERTYP

*Impressionen auf Seide, so geheimnisvoll
wie der Sommertyp. Sanfte Farbtöne,
meist Ton in Ton gestaltet, lassen oft nur vermuten, welche Motividee der Künstlerin
dahintersteckt. Tauchen Sie ein
in die teils geordnete, teils nebulöse
oder auch romantische Empfindungswelt
des Sommers!*

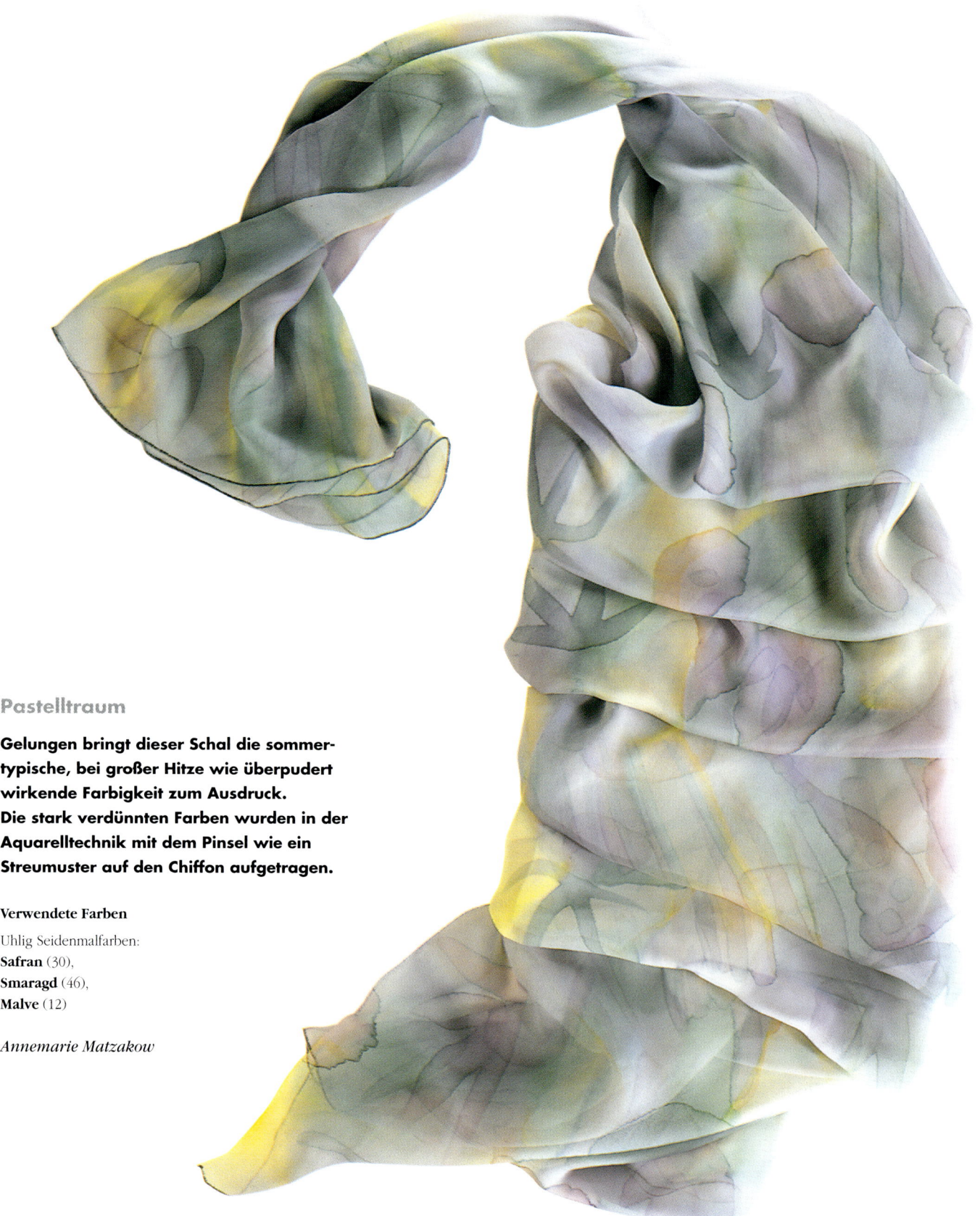

Pastelltraum

**Gelungen bringt dieser Schal die sommer-typische, bei großer Hitze wie überpudert wirkende Farbigkeit zum Ausdruck.
Die stark verdünnten Farben wurden in der Aquarelltechnik mit dem Pinsel wie ein Streumuster auf den Chiffon aufgetragen.**

Verwendete Farben

Uhlig Seidenmalfarben:
Safran (30),
Smaragd (46),
Malve (12)

Annemarie Matzakow

Karibik

Dieses Tuch bringt Frische und Jugendlichkeit ins Outfit jeder Sommerfrau. Die beiden Farben wurden mit weichem Verlauf naß in naß auf den Crêpe Satin Jacquard aufgetragen. Diese festere Seide eignet sich gut, um über einem Mantel getragen zu werden.

Verwendete Farben

Princecolor (R. Leprince):
Mittelgrün/Vert moyen (38),
Ultramarinblau/Pensée (30)

Shahida

Lilienmeer

In vielen Arbeitsgängen wurde dieses Tuch aus Crêpe de Chine geschaffen. Mit Schablonen für die Blüten, mit verdickten Farben und Schaumstoffrollen sowie mit Gutta entstand die Musterung; der Hintergrund wurde zum Schluß in der Aquarelltechnik ausgemalt. Durch den Einsatz der Schablonen hat die Künstlerin die Möglichkeit, ein Motiv in unterschiedlichen Variationen zu verwirklichen. Ideal für den Sommertyp sind hier die kühlen, leicht gedeckten Farben.

Verwendete Farben

Uhlig Seidenmalfarben:
Safran (30),
Smaragd (46),
Malve (12),
Enzian (10),
Platin (18)

Annemarie Matzakow

Zarte Verläufe

Da Eleganz und formvollendeter Stil eine wichtige Lebenshaltung des Sommertyps sind, steht es außer Frage, daß Sommermänner nicht auf Krawatten verzichten wollen. Dieses Modell aus Crêpe de Chine, bemalt mit fließendem Farbverlauf, besticht durch seine Einfachheit, trotzdem fehlt es nicht an Wirkung.

Verwendete Farben

Tobasign (Stewa Hobby KG):
Flieder (14),
Pink (22)

Shahida

Eisblumen

Dieses Tuch aus Pongéseide, das unter Anwendung der Gutta-, Aquarell- und Salztechnik hergestellt wurde, zeigt sehr schön die Lieblingsfarbe Blau des Sommertyps in verschiedenen Farbtonvariationen.

Verwendete Farben

Silkolor (I. Heigl):
Türkis (24),
Brillantblau (15),
Saphirblau (16),
Azurblau (14),
Schwarz (19),
Brillantgrün (21)

Anne Eßer

Gewitterstimmung

Dieses Crêpe-de-Chine-Tuch erinnert an die wolkenverhangene, düstere Stimmung kurz vor einem heftigen Sommergewitter. Durch das ruhige Streifenmuster (gestaltet mit Farbverläufen und in der Auswaschtechnik mit Hilfe eines Föns) wirkt es dezent und elegant.

Verwendete Farben

Savoir Faire (Hobbidee):
Schwarz (41),
Flaschengrün (08),
Zitrone (00)

Gabi Mett

Sommerplissee

Ein extravagantes Tuch aus Crêpe Satin Jacquard – es ist nur etwas für dunkelhaarige und/oder -häutige Sommertypen, sonst wirkt es erdrückend. In seinem Farbverlauf erinnert es an die Stimmung eines heißen Sommertages, an dem plötzlich ein Gewitter aufzieht. Die Plissierung des bemalten und fixierten Tuches läßt man in einer Plissieranstalt durchführen, wenn die Falten so gleichmäßig wie hier werden sollen; sie stehen einem Sommertyp in der Regel besser als die „Knitteroptik" von Seite 73 zum Beispiel.

Verwendete Farben

Serti-Color (Prandell):
Granat (78),
Turmalin (27),
Lavendel (58)
Pebeo-Seide (Stewa Hobby KG):
Rosenholz (60),
Aschbraun (62),
Aschviolett (69)

Elfriede Möller

Kühle Eleganz

**Das Muster dieses Chiffon-
schals wurde mit verdickten
Farben aufgemalt. Der einfache Farbverlauf unter-
streicht die kühle Eleganz des
Sommertyps. Ein Trick, um
möglichst weiche Übergänge
zu erzielen: Ziehen Sie den
Schal gleich nach dem Malen
noch naß durch Wasser.**

Verwendete Farben

Silkolor (I. Heigl):
Azurblau (14)
Marabu-SilkArt:
Dunkelbraun (45)

Shahida

Skulpturen

**Dieses Tuch aus Pongé-
seide (auch gedacht als
Halstuch für einen Mann)
ist schon ein kleines
Kunstwerk. Es würde
auch die Wohnung eines
Sommertyps als einge-
rahmte Malerei oder
Raumdekorationsobjekt
zieren. Die Künstlerin hat
auf einzigartige Weise die
sommertypischen Farbtöne
mit sommertypischen
Motiven verbunden.**

Verwendete Farben

Silkolor (I. Heigl):
Grau (18),
Azurblau (14),
Brillantblau (15),
Beige (30)

Anne Eßer

Sommernebel

Das Crêpe-de-Chine-Tuch unten, gemalt in der Fließ- und Auswaschtechnik, wirkt zart und beinahe transparent. Das weiche, verschwommene Muster wurde mit verdickten Farben gestaltet. Es bringt den Sommertyp gut zur Geltung.

Verwendete Farben

Silkolor (I. Heigl):
Saphirblau (16)
Tobasign (Stewa Hobby KG):
Silbergrau (12)

Shahida

Gitteroptik

Diese Krawatte aus Crêpe de Chine ist mit weichem Farbverlauf gestaltet und in der Auswaschtechnik (mit Alkohol) gemustert. Sie würde sicherlich einen interessanten Kontrapunkt zu einem sommerweißen Anzug aus leichtem Leinen bilden. Eleganz und Sportlichkeit finden hier auf reizvolle Weise zueinander.

Verwendete Farben

Serti-Color (Prandell):
Französischblau (51),
Tabak (34),
Ebenholzschwarz (80)

Karin Huber

91

Impressionen in Blau

**Crinkle Chiffon ist ein ideales Seiden-
material für Sommerfrauen. Dieser
fließende Schal wurde mit großzügigen
Pinselstrichen in der Naß-in-Naß- und
Naß-in-Trocken-Technik gemalt.**

Verwendete Farben

Tobasign (Stewa Hobby KG):
Azur (17)
Princecolor (R. Leprince):
Lichtblau/Bleu lumière (27),
Ultramarinblau/Pensée (30)

Shahida

Musterreigen

Die linke Krawatte aus Twill ist nur für ausdrucksstarke, dunkle Sommertypen geeignet. Anzug und Hemden, die dazu kombiniert werden, sollten möglichst in dezentem Grau oder Blau gehalten werden. Eine Kombination mit weißem Hemd wäre hingegen zu kontrastreich. Die Muster wurden auf die aquarellartig grundierte Seide mit Pinsel und verdickter Farbe aufgemalt.

Verwendete Farben

Silkolor (I. Heigl):
Türkis (24),
Smaragd (48),
Brillantblau (15),
Rotviolett (12),
Saphirblau (16)

Gudrun Joedicke

Feine Nuancen

Im Vergleich zur gemusterten Krawatte wirkt das rechte Modell dezent und trotzdem individuell. Die Farben wurden mit weichen Übergängen aufgemalt. Auch eine Sommerfrau könnte sie gut tragen, zum Beispiel zu einer hochgeschlossenen Hemdbluse mit Jackett.

Verwendete Farben

Tobasign (Stewa Hobby KG):
Silbergrau (12),
Violett (05)

Shahida

93

Sommerregen

Ein schönes Tuch aus dem transparenten Crinkle Chiffon, mit dem Pinsel in der Wachstechnik gemustert, ist diese sommertypische Farbvariation in Blau-Flieder-Nuancen. Die gelben Akzente lösen die „Eintönigkeit" der Ton-in-Ton-Gestaltung ab und verleihen dem Tuch eine individuelle Handschrift.

Verwendete Farben

Serti-Color (Prandell):
Gelb (10),
Flieder (57),
Lavendel (58),
Veilchen (61),
Meerblau (54)

Daniela Baldauf

Spuren

Diese Krawatte aus Habutai-Seide wurde mit Fächerpinsel und Gutta in der Schichttechnik gemustert. Obwohl die Farben Flieder und Pink in der Modebranche als sogenannte „weibliche Farben" gehandelt werden, sollte sich kein Sommermann scheuen, auch nach diesen Farben zu greifen.

Verwendete Farben

Tobasign (Stewa Hobby KG):
Flieder (14),
Azur (17),
Cyclam (06)

Shahida

Farbspiel

Eine lebendige, aber nicht zu kontrastreich wirkende Krawatte aus Crêpe de Chine kann so manchem eintönig wirkenden Anzug den letzten Pfiff geben. Sie ist in der Schichttechnik entstanden, in Kombination mit Metallic-Stoffmalfarben für kleine Glitzereffekte.

Verwendete Farben

Silkolor (I. Heigl):
Türkis (24),
Brillantblau (15),
Rosa (23),
Goldgelb (02)

Anne Eßer

IDEEN FÜR DEN HERBSTTYP

Vollmundig, farbenfroh und golden –
so zeigt sich der Herbst nicht nur in der Natur,
sondern auch in den liebevoll gearbeiteten
Seidenaccessoires. Lassen Sie Ihren
Assoziationen freien Lauf, spüren Sie der
Stimmung bunter Herbstwälder und nebliger
Novembertage nach!

Traditionell

Dieses Tuch, das seinen letzten Pfiff durch die Verwendung von Goldgutta erhält, ist absolut herbsttypisch. Hier vereinen sich die kräftigen, leuchtenden Farbtöne mit dem passenden Natur-motiv und dem traditionellen Stil, der diesem Jahreszeitentyp gut steht. Das Fransentuch aus Crêpe Indien wirkt besonders hübsch über einem Loden-mantel getragen.

Verwendete Farben

Tobasign (Stewa Hobby KG):
Moosgrün (19),
Teak (10)
Silkolor (I. Heigl):
Senf (41),
Kokos (44),
Orange (03),
Goldgelb (02)
Waco soie (H. Wagner):
Dunkelgelb (003),
Kiefer (019)
Uhlig Seidenmalfarben:
Mandarin (01)

Shahida

Goldener Oktober

Dieses Tuch aus Pongé-seide, gemalt in der Guttatechnik (auch mit verdicktem Rot im Liner) und mit locker aquarellier-ten Flächen, wirkt wie ein willkürlicher Ausschnitt aus dem herbstlichen Wald. Der geradlinige Streifen-rand hält die Komposition optisch zusammen. Die warmen, vollmundigen Farben stehen dem Herbsttyp gut zu Gesicht.

Verwendete Farben

Tobasign (Stewa Hobby KG):
Bordeaux (04),
Mohnrot (02,
Teak (10)
Waco soie (H. Wagner):
Cognac (026),
Dunkelgelb (003)
Silkolor (I. Heigl):
Goldgelb (02),
Orange (03),
Scharlach (04)
Uhlig Seidenmalfarben:
Mandarin (01)
Savoir Faire (Hobbidee):
Gelb (01)

Shahida

Blätterfall

Auf diesem Crêpe-Satin-Schal dominieren, wie bei dem Tuch, ebenfalls die Farben Rot und Gelb. Es wirkt so, als wäre das Motiv Herbstblätter hier in künstlerischer Freiheit abstrahiert worden. Die Farben wurden (in der Schichttechnik) verdünnt, unverdünnt und mit Verdicker aufgetragen, mit lockerem Pinselstrich. Raffiniert ist die unifarbene Unterfütterung der bemalten Seide.

Verwendete Farben

Uhlig Seidenmalfarben:
Safran (30),
Havanna (07),
Koralle (33),
Bordeaux (13),
Orange (02)

Annemarie Matzakow

Herbsterwachen

Das leuchtendgelbe Pongé-Tuch erinnert an die goldene Mittagssonne des Herbstes. Es ist in der Konturentechnik gestaltet (versteckte Gutta) und kleidet vor allem dunkelhaarige Herbstfrauen – wegen des starken Kontrastes – gut.

Verwendete Farben

Silkolor (I. Heigl):
Brillantgelb (01),
Rubinrot (06),
Brillantblau (15)

Barbara Stowasser

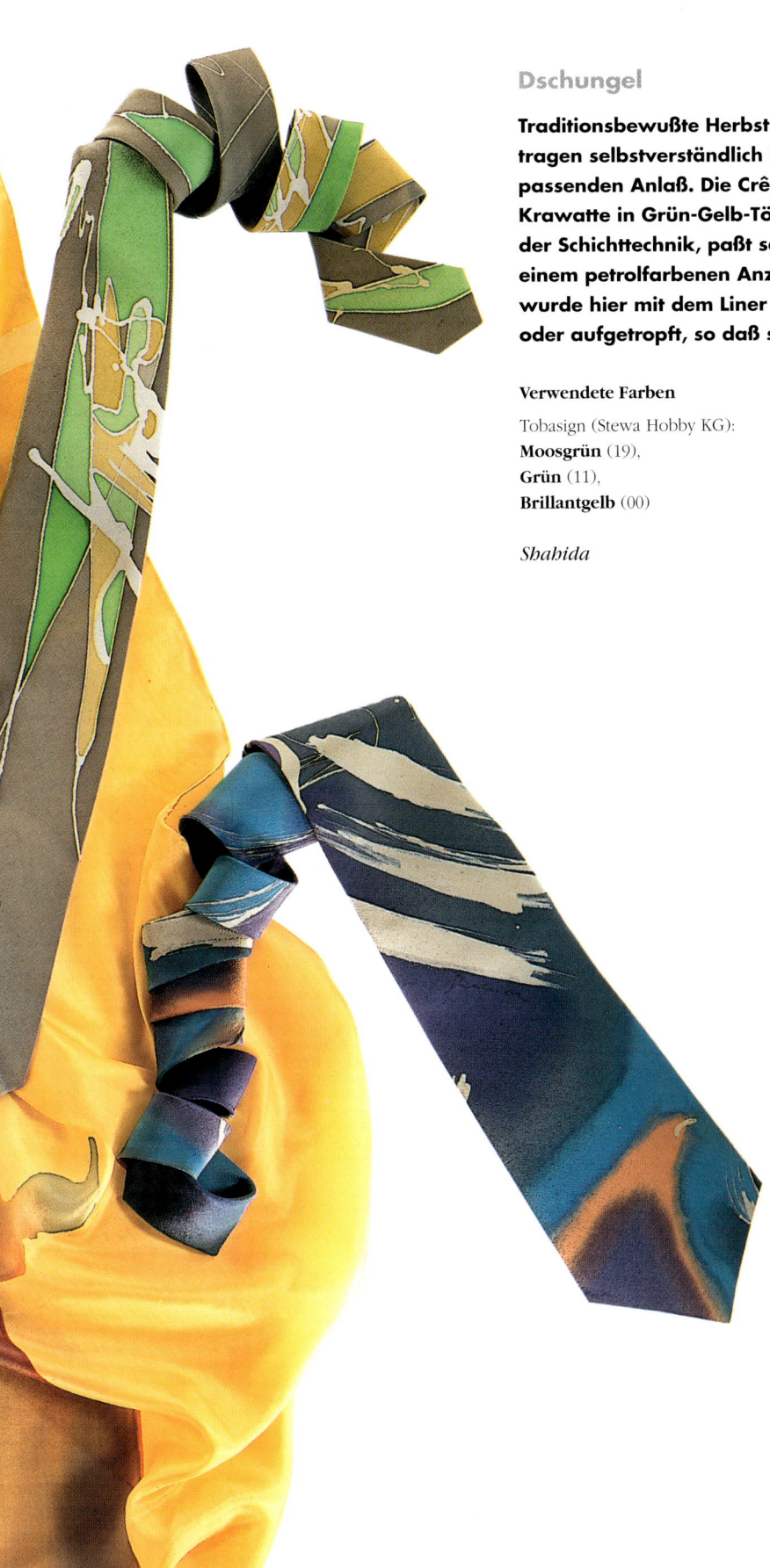

Dschungel

Traditionsbewußte Herbstmänner tragen selbstverständlich Krawatte zum passenden Anlaß. Die Crêpe-de-Chine-Krawatte in Grün-Gelb-Tönen, gemalt in der Schichttechnik, paßt sehr gut zu einem petrolfarbenen Anzug. Die Gutta wurde hier mit dem Liner aufgetragen oder aufgetropft, so daß sie frei fließt.

Verwendete Farben

Tobasign (Stewa Hobby KG):
Moosgrün (19),
Grün (11),
Brillantgelb (00)

Shahida

Orkan

Dieses Krawattenmodell aus Crêpe de Chine greift die eigentlich für einen Herbsttyp schwierige Farbe Blau auf. Sie bildet einen interessanten Akzent im herbstlichen Outfit. Gemalt wurde hier in der Schichttechnik, das Guttamuster ist mit dem Pinsel aufgetragen.

Verwendete Farben

Tobasign (Stewa Hobby KG):
Violett (05)
Schjerning's Royal:
Moosgrün (28)
Marabu-SilkArt:
Petrol (92)
Waco soie (H. Wagner)
Mandarin (004)

Shahida

Streifenoptik

**Dieser Schal aus Pongé-
seide mit seinem einfachen
Streifenmuster (vorwiegend
in Gelbtönen) paßt gut unter
den Kragen eines Trenchcoats.
Die zunächst streifig grundierte Seide wurde zusätzlich
mit Ornamenten versehen
(mit aufgehellten Farben
oder Wasser).**

Verwendete Farben

Waco soie (H. Wagner):
Dunkelgelb (003),
Mandarin (004)

Shahida

Kreativität in Rot

Das Herbsttuch aus Pongé-seide wurde mit Hilfe von Kleister und mit verdickten Farben im Liner gestaltet, nachdem die Grundfläche grundiert war. Es greift in künstlerischer Freiheit herbsttypische, kräftig-warme Rottöne auf.

Verwendete Farben

Tobasign (Stewa Hobby KG):
Curry (21),
Kupfer (15)
Princecolor (R. Leprince):
Mattorange/Capucine (11)

Shahida

Afrika

Ein lebendig-verspieltes Tuch aus Crêpe de
Chine: Es zeigt den Farben- und Phantasie-
reichtum des Herbstes. Es ist fast zu schade,
um zusammengefaltet getragen zu werden,
und eignet sich deshalb auch sehr schön als
Raumdekorationselement. Gestaltet wurde
diese Malerei in einer Kombination aus
Gutta- und Aquarelltechnik.

Verwendete Farben

Schjerning's Royal:
Tabak (53),
Schwarz (40),
Aprikose (10),
Citronengelb (03),
Azurblau (23)

Maren Schmidt

Herbstlaub

Dieses Tuch aus Crêpe Satin Jacquard wirkt wie eine Momentaufnahme des herbstlichen Waldes, durch dessen Baumkronen die Sonne gelbe Tupfer schickt. Als Hilfsmittel für die Maltechnik wurden Pinsel, Gutta, Alkohol und Wattestäbchen eingesetzt. Die Fülle der Formen, die an Baumrinden erinnernde Stoffstruktur und die satten Farben machen dieses Werk zu einem idealen Accessoire für einen Herbsttyp.

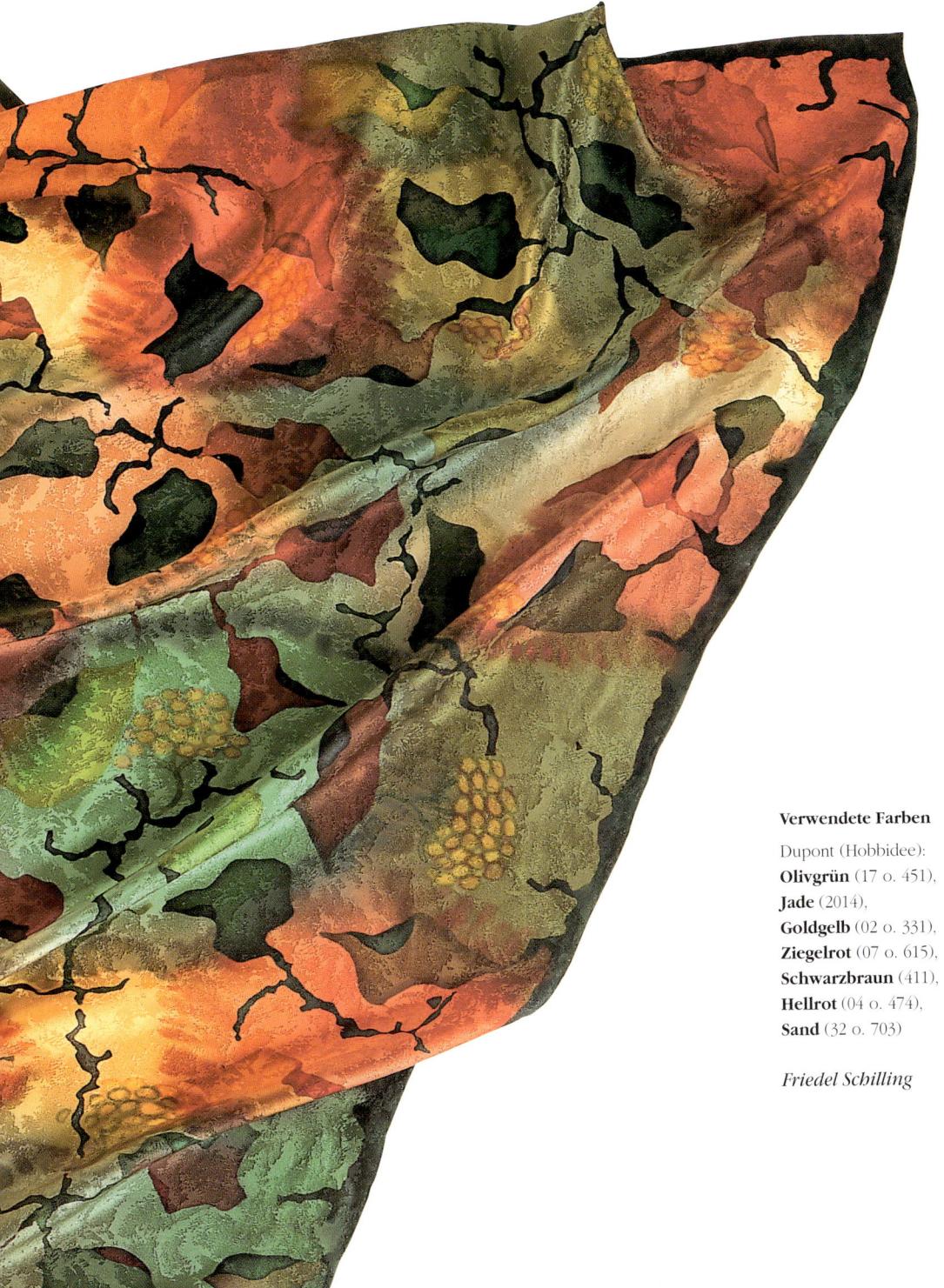

Verwendete Farben

Dupont (Hobbidee):
Olivgrün (17 o. 451),
Jade (2014),
Goldgelb (02 o. 331),
Ziegelrot (07 o. 615),
Schwarzbraun (411),
Hellrot (04 o. 474),
Sand (32 o. 703)

Friedel Schilling

IDEEN FÜR DEN WINTERTYP

Eisig, konzentriert und auf das Wesentliche reduziert – so zeigt sich der Winter in der Natur. Gleichermaßen spiegeln sich Kontraste wie Verhaltenheit und Leidenschaftlichkeit des Wintertyps in den abgebildeten Seidenarbeiten wider.

Blitze

Das Tuch aus Crêpe Satin
Jacquard zeigt die wintertypischen kalten, harten Farb-
und Formkontraste. Trägt man
es zu einem Dreieck gelegt
über einem schwarzen
Mantel, bietet es einen
wirkungsvollen Blickfang,
Gestaltet wurde es in der
Konturentechnik.

Verwendete Farben

Marabu-SilkArt:
Cyan (56),
Magenta (14),
Gelb (19),
Schwarz (73)

Elisabeth Schwinge

Arabesken

In seiner schlichten
Einfachheit wirkt dieser
Schal aus gestreiftem
Satinstreifen-Chiffon sehr
edel. Besonders schwarz-
und silbergrauhaarigen
Winterfrauen steht er gut
zu Gesicht. Die geschwun-
genen Guttakonturen
grenzen die Flächen klar
voneinander ab und bilden
einen interessanten
Kontrast zu den gerad-
linigen Streifen.

Verwendete Farben

Tobasign (Stewa Hobby KG):
Schwarz (13)

Shahida

114

Deko Art

Das Tuch aus Pongéseide, in der Guttatechnik mit klaren Flächen gemalt, schmückt nicht nur den Wintertyp, sondern kann auch in „winterlich" eingerichteten Wohnungen als Raumdekorationsobjekt dienen. Als Kleidungsaccessoire sollte es so getragen werden, daß man die Großzügigkeit des abstrakten Musters möglichst gut sehen kann.

Verwendete Farben

Waco soie (H. Wagner):
Lila (012),
Zitronengelb (001)
Tobasign (Stewa Hobby KG):
Smaragdgrün (18),
Schwarz (13)
Princecolor (R. Leprince):
Ultramarinblau/Pensée (30)

Shahida

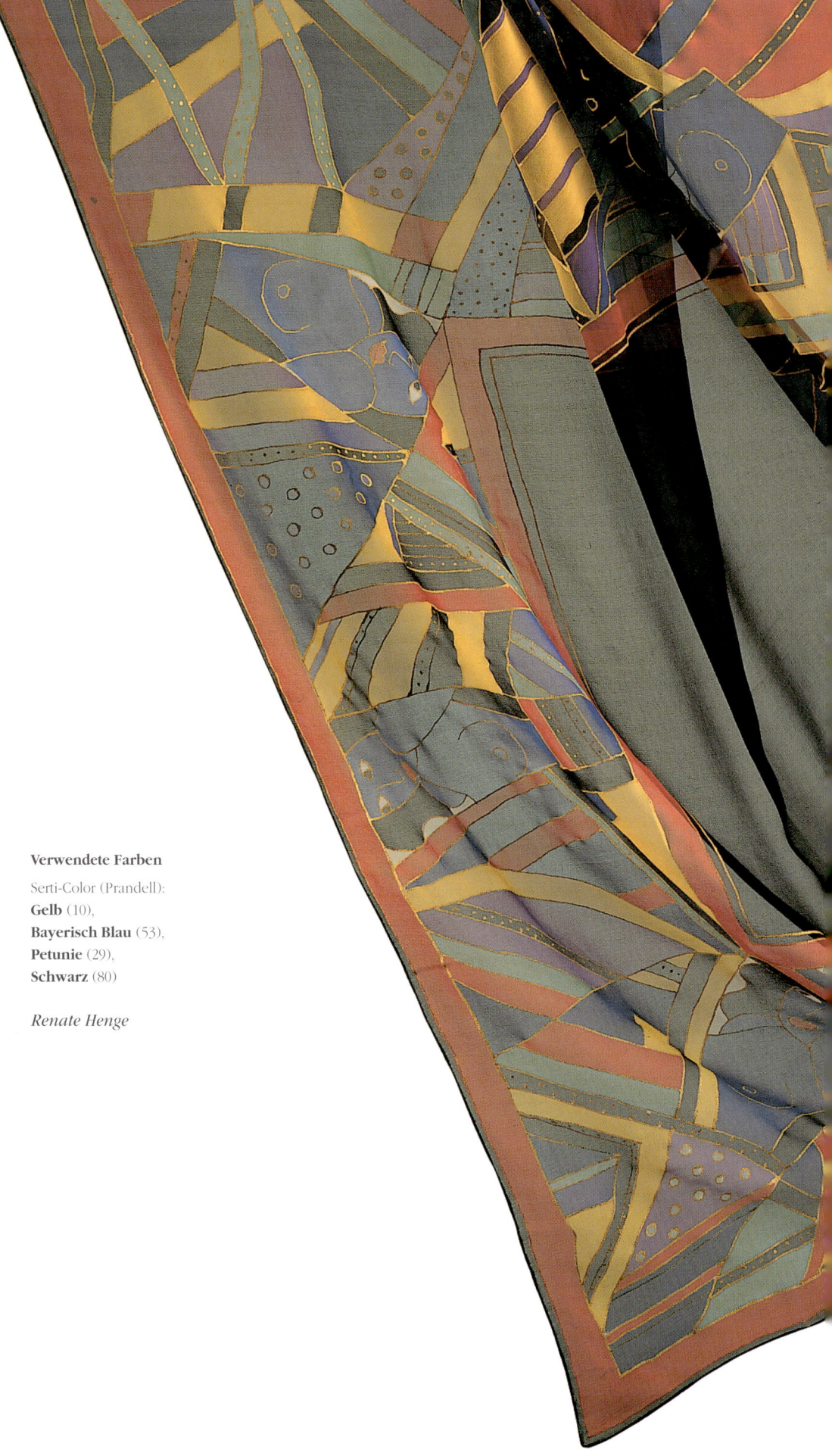

Verwendete Farben

Serti-Color (Prandell):
Gelb (10),
Bayerisch Blau (53),
Petunie (29),
Schwarz (80)

Renate Henge

Täuschung

Dieses transparente Tuch aus Georgette
ist so extravagant wie der Wintertyp
in seinem Charakter. Es wirkt zunächst
wie eine abstrakte Malerei, und erst auf
den zweiten Blick sieht man die Frauenfiguren. Die Abgrenzung der Farbflächen
erfolgte mit Goldgutta in freier orna-
mentaler Gestaltung, zuvor wurden mit
Hilfe einer unterlegten Schablone die
Frauenfiguren mehrfach auf der Fläche
plaziert.

Lebendige Kontraste

Für den Wintertyp ist eine klassische Krawatte (hier aus Crêpe Satin Jacquard) unentbehrlich zu den entsprechenden Anlässen. Diese Monotypie mit verdicktem Schwarz, weiter in Rot und Blau ausgestaltet, paßt besonders gut zu einem dunklen Anzug mit weißem Hemd.

Verwendete Farben

Waco soie (H. Wagner):
Brillantrot (007)
Tobasign (Stewa Hobby KG):
Schwarz (13),
Brillantblau (07)

Shahida

Winterstimmung

Dieses Tuch aus Crêpe de Chine greift die düstere Stimmung grauer Winterabende auf, die vom flackernden Feuer im heimischen Ofen durchbrochen wird. Die Struktur der Hauptfläche wurde mit verdicktem Schwarz mit der Monotypie erzeugt („Einmaldruck"). Die noch freien Flächen malt man anschließend mit flüssigen Farben aus.

Verwendete Farben

Waco soie (H. Wagner):
Lila (012)
Tobasign (Stewa Hobby KG):
Schwarz (13),
Silbergrau (12),
Cyclam (06)
Princecolor (R. Leprince):
Ultramarinblau/Pensée (30)

Shabida

Eisiges

**Die Künstlerin wagte sich
mit diesem Tuch aus
Pongéseide an die für den
Wintertyp sehr schönen
und vor allem seltenen
Eisfarben heran: eine
frische und leicht wirkende
Variation (in der Gutta-
und Aquarelltechnik) unter
all den kräftigen, kontrastreichen Farben und
Formen in diesem Kapitel.
Erzielt wurde der Effekt
durch eine starke Auf-
hellung der ausgewählten
Farben im Verhältnis 1:8.**

Verwendete Farben

Savoir Faire (Hobbidee):
Gelb (01)
Silkolor (I. Heigl):
Azurblau (14),
Lindgrün (20),
Brillantgrün (21),
Flieder (29)

Shahida

Kontraste zu Schwarz

Der Winterschal mit der Grundfarbe Schwarz wirkt elegant und kontrastreich auf einem weißen oder eisfarbenen Untergrund. In der Aquarelltechnik wurden die bunten Farben (naß auf trocken) auf die Pongéseide aufgetragen, das Schwarz erst ganz zum Schluß.

Verwendete Farben

Tobasign (Stewa Hobby KG):
Smaragdgrün (18),
Cyclam (06),
Brillantgelb (00),
Violett (05)
Princecolor (R. Leprince):
Ultramarinblau/Pensée (30)

Shahida

Winterfreuden

Dieser Schal aus Crinkle Chiffon erinnert an das reine Weiß des Winterschnees, durchbrochen von den Farbkontrasten der Skianzüge auf einer Piste. Die Konturen wurden mit verdicktem Schwarz gezogen (in einen Liner gefüllt), die Flächen anschließend gleichmäßig ausgemalt.

Verwendete Farben
Waco soie (H. Wagner):
Karminrot (009),
Zitronengelb (001),
Chinesischrot (008)
Princecolor (R. Leprince):
Lila/Pervenche (33),
Ultramarinblau/Pensée (30)

Shahida

Linien und Flächen

Mit seiner Grundfarbe Gelb ist dieses Tuch aus Crêpe de Chine mal eine Abwechslung in der oftmals schwarzbetonten Kleidung der Winterfrau. Als Hilfsmittel diente Tapetenkleister, der – mit Schwarz gemischt – aus einer Guttaflasche mit großer Öffnung linear aufgetragen wurde. Das Ausmalen der Flächen geschah nach dem Trocknen dieser Konturen.

Verwendete Farben

Savoir Faire (Hobbidee):
Fuchsie (20),
Zitrone (00),
Ultramarin (11)

Gabi Mett

Geometrisches

Dieses Tuch – aus Crêpe de Chine, in der Konturentechnik gemalt – ist fast zu schade, um zusammengefaltet getragen zu werden. Es eignet sich mit seiner Größe von 110 x 110 cm auch sehr gut als locker drapierte Raumdekoration oder sogar als gerahmtes Bild.

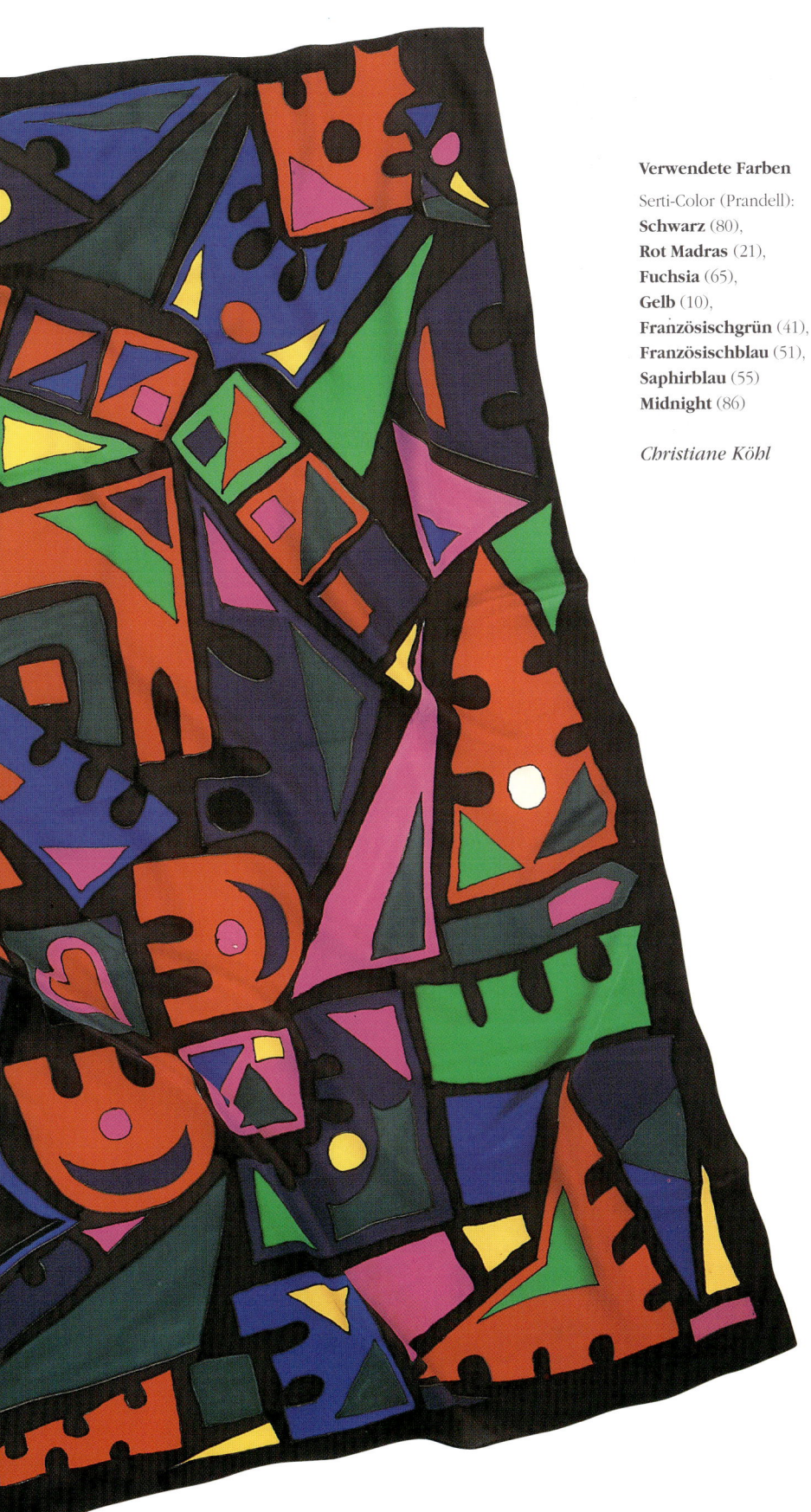

Verwendete Farben

Serti-Color (Prandell):
Schwarz (80),
Rot Madras (21),
Fuchsia (65),
Gelb (10),
Französischgrün (41),
Französischblau (51),
Saphirblau (55)
Midnight (86)

Christiane Köhl

Abstraktes

Auf dem Tuch aus Crêpe
de Chine hat die Künstlerin
viele für Wintertypen
wichtige Aspekte
berücksichtigt: alle Farben
in klaren Kontrasten
einschließlich Schwarz und
Weiß, abstrakte Muster in
deutlichen, meist geometri-
schen Formen und das
passende Material. Dieses
gelungene Werk sollte so
drapiert werden, daß das
Muster gut zur Geltung
kommt.

Verwendete Farben

Serti-Color (Prandell):
Schwarz (80),
Rot Madras (21),
Fuchsia (65),
Gelb (10),
Französischgrün (41),
Französischblau (51),
Iris (00)

Christiane Köhl

Im FALKEN Verlag sind zahlreiche Titel zum Thema „Seidenmalerei" erschienen. Bitte fragen Sie in Ihrer Buchhandlung oder im Fachgeschäft für Hobbybedarf.

Wenn Sie Fragen oder Wünsche an die Autorinnen haben (Bestimmung Ihrer Seidentücher, Typberatungskurse, Bestellung von Testtüchern etc.), dann rufen Sie bitte an: (0 70 83) 34 03 (Michaela Götz/Penopp) oder (0 70 22) 3 45 18 (Shahida).

Folgende **Künstlerinnen** trugen (neben **Shahida**) zum Gelingen dieses Buches bei: **Daniela Baldauf, Anne Eßer, Renate Henge, Karin Huber, Gudrun Joedicke, Gisela Knopff-Fäustlin, Christiane Köhl, Annemarie Matzakow, Gabi Mett, Elfriede Möller, Friedel Schilling, Maren Schmidt, Elisabeth Schwinge, Barbara Stowasser.**

Für die freundliche Unterstützung bei den Fotoarbeiten bedanken wir uns bei folgenden Firmen: Burgmayer (Uhrmacher & Juwelier), Klepper schuhe, Lady's moden, Mode & Mode, Mode & Accessoires Ultimo (alle in Langen) sowie Bijou Brigitte (Neu-Isenburg).

Hinweis: Bitte beachten Sie, daß es aus drucktechnischen Gründen zu Farbabweichungen kommen kann. Auch können wir nicht dafür garantieren, daß die angegebenen Hersteller ihre Produktpalette oder die Farbbezeichnungen nicht im Laufe der Zeit verändern.

Die Deutsche Bibliothek – CIP-Einheitsaufnahme

Farbberatung Seidenmalerei : Tücher – Schals – Krawatten /
Shahida (Barbara Banach) ; Michaela Götz. –
Niedernhausen/Ts. : FALKEN, 1996
  ISBN 3-8068-4841-6

ISBN 3 8068 4841 6

©1996 by Falken-Verlag GmbH, 65527 Niedernhausen/Ts.

Umschlaggestaltung: Andreas Jacobsen
Redaktion: Regine Felsch
Herstellung und Gestaltung: Petra Leupacher, Petra Zimmer
Titelbild: Photo-Illustrations Ltd., London

Fotos: J. Bernhardt, Bad Soden (Seite 6 M., 12 M., 14 li. M., 16 M., 18 o. li.); **Falken Archiv** (C. Arius, Taunusstein: Seite 16 o.); **G. Kelbert**, Idstein (Seite 6 re., 10 M., 12 li. u. 14 o., M., 16 li. M., u., re., 18 o. li. u. li.); **Photo-Illustrations Ltd.,** London (Seite 1–5, 7 o., u., 8/9, 22/23, 30, 31, 36 re. o., 38 re. o., 40 re. o., 42 re. o., 44, 47, 50, 51, 55, 57, 59, 61, 64–127, Umschlagrückseite); **H.-J. Schwarz,** Idstein (Seite 6 o., 10 o., u., 12 re. o., re. M., 14 u., 16 re. u., 18 re., 36 li. u., 38 li.); **Studio Team GmbH,** Langen (Styling: Barbara Mittmann; Maske: Anita Golembowski; Fotos: Bernd Mittmann (Seite 11, 13, 15 re., 17, 19, 20/21, 24, 26, 27, 32–35, 37, 39, 41, 43, 62, 63); **Margrit Stüber,** Niedernhausen (Seite 6 u. li., 14 u. re., 15 li., 18 o. re., M., u.).
Zeichnungen: Traudel Marks-Collet, Idstein (Seiten 52/53 und Vorlagebogen)

Satz: FALKEN Verlag, Niedernhausen/Ts.
Druck: Sebald Sachsendruck, Plauen

817 2635 4453 6271